Gleich um die Ecke beginnt die Welt

Gleich um die Ecke beginnt die Welt

Mit einem Vorwort von Peter Bichsel
Die Bilder zeichnete Puig Rosado

Verlag Huber Frauenfeld

© 1979 Verlag Huber Frauenfeld für die Rechte an der Anthologie.
Die Rechte an den Einzelbeiträgen liegen bei den Originalverlegern.

Satz und Druck: Graphische Unternehmung Huber & Co. AG, Frauenfeld
Einband: Buchbinderei Burkhardt AG, Zürich
ISBN 3-7193-0660-7

Inhaltsverzeichnis

Peter Bichsel, *Vorwort* 7

Alexander I. Kuprin, *Nadja und der Elefant* 11

Marcel Aymé, *Die Rechenaufgabe* 22

Roald Dahl, *Das riesengroße Krokodil* 40

Ian Fleming, *Tschitti-tschitti-bäng-bäng* 53

J. B. Priestley, *Warum ausgerechnet Snoggle?* 64

Ephraim Kishon, *Der Hund, der Knöpfe fraß* 73

Aldous Huxley, *Frau Krähe und Herr Klapperschlange* 78

Paul Gallico, *Ein ganz besonderer Tag* 84

Isaac B. Singer, *Zlateh, die Geiß* 94

Ana María Matute, *Der Lehrling* 101

H. G. Wells, *Der Zauberladen* 116

E. E. Cummings, *Der Elefant und der Schmetterling* 126

José de Espronceda, *Das Holzbein* 130

Cecil Bødker, *Der Tiger, der gar nicht da war* 135

Graham Greene, *Die kleine Lok* 139

Vladislav Vančura, *Kuba Kubikula, der Bär und der Bürgermeister* 146

James Thurber, *Einen Mond für Leonore* 154

K. Paustowski, *Der letzte Teufel* 166

Biographische Notizen und Quellenhinweise 172

Peter Bichsel

Vorwort

Mit Kindergeschichten kann man zum Beispiel auch Geld verdienen, vielleicht nicht gerade so viel wie mit Kindersocken, Kinderschuhen oder Kindernahrung, aber immerhin.

Daß man damit Geld verdienen kann, das ist eine Binsenwahrheit, und es ist eigentlich schade, daß man allzu oft verzichtet, Binsenwahrheiten auszusprechen und aufzuschreiben. Kinder dürfen es, und für Kinder darf man es, ein weiterer Grund, Kindergeschichten zu schreiben. Binsenwahrheiten sind Wahrheiten, die so aussehen, als wüßten sie alle – in Wirklichkeit sind es jene Wahrheiten, die wir einfach nicht wissen wollen, weil wir glauben, wir wüßten sie schon.

Also, zum Trotz noch einmal: Mit Kindergeschichten kann man auch Geld verdienen – das ist weiter nicht schlimm –, aber es will halt dann doch nicht so ganz zu der scheinbar harmlosen und freundlichen Welt der Kindergeschichten passen. Daß diese Welt freundlich und harmlos ist, das haben nicht die Kinder erfunden, das haben die Erwachsenen für sie erfunden. Die Kindergeschichten sind Erfindungen von Erwachsenen, und sie sind – ich habe den Verdacht –, sie sind ein Betrug.

Betrügen ist etwas Übles, und es wird Kindern ganz und gar nicht empfohlen – Erwachsenen auch nicht, aber sie tun es trotzdem.

Und nur Kinder, die es nicht tun sollen, wissen, wie schön das ist. Der Zauberer, der ein Kaninchen aus dem Zylinder zieht, ist ein Betrüger; und würden wir glauben, daß er ein echter Zauberer ist, es wäre nicht halb so schön. Aber wir tun alle so, als würden wir's glauben, und wenn wir «Oh» rufen, dann betrügen wir mit ihm zusammen ihn und uns.

Wenn man solche Dinge zusammen tut, dann nennt man das eine Verschwörung, und Verschwörungen sind dann nützlich und nötig, wenn man die Welt verändern will – wenn man zum Beispiel will, daß aus Zylindern Kaninchen steigen. Und sie steigen, wenn man es will, aber eben nur für Kinder und nur mit Kindern.

Und der Grund dafür ist, daß eben der Betrug unter Erwachsenen zwar häufig ist, aber keinen Spaß macht. Man kann sich mit Erwachsenen nicht verschwören, weil sie sich nicht vergessen können und weil sie keinen Spaß an Geheimnissen haben, mit denen man kein Geld verdienen kann. Die Erwachsenen wollen ganz einfach nicht, daß man Kaninchen aus Zylindern ziehen kann.

Dagegen können Schriftsteller nichts tun, und Kinder auch nicht. Und die Welt wird immer so bleiben, immer so bleiben, immer so bleiben, und die Zylinder, die es schon fast nicht mehr gibt, bleiben leer.

Dagegen muß etwas getan werden. Die Welt muß verändert werden, muß ganz anders werden, und da hilft nur die Verschwörung, und in Kindergeschichten verschwören wir uns auf Binsenwahrheiten mit Kindern.

Die gute Tante, die ihrer lieben Nichte ein Buch mit diesen Geschichten zu Weihnachten schenkt, die gute Tante wird uns nicht entdecken. Sie wird das Buch durchblättern und die schönen Bilder sehen, und dann wird sie vielleicht die schönen Geschichten lesen, und sie wird sich vielleicht darüber freuen, daß es nur Binsenwahrheiten sind, denn sie glaubt, daß Binsenwahrheiten niemandem schaden. Und dann schaut sie auch, ob das alles von Kindern verstanden werden kann, und sie schaut, daß man den Kindern mit den Geschichten nichts Böses beibringen will.

Was sie aber nicht entdecken wird, das ist unsere Verschwörung. Sie wird nicht zur Polizei laufen, sie wird uns nicht anzeigen. Sie wird keinen Brief an die Regierung schreiben und verlangen, daß alle Kindergeschichtenschreiber und alle Kindergeschichtenleser verhaftet werden sollen, weil das eine Verschwörung sei.

Das wird sie nicht.

Aber das ist eine Verschwörung, eine gute Verschwörung, die dicht hält, weil keiner davon mehr will als eben das – die Verschwörung.

Außer der Verleger und außer der Buchdrucker, außer der Buchbinder, außer der Buchhändler, die wollen auch Geld. Aber die gehören ja auch nicht mit zur Verschwörung. Und der, der's geschrieben hat, der kriegt eben auch Geld dafür – da kann er nichts machen dagegen, weil er ein Erwachsener ist. Und da ist halt wieder der Betrug drin in der Verschwörung. Und die Kindergeschichtenzuhörer betrügen auch, denn sie wollen auch Erwachsene werden, und meistens sind sie es schon, bevor die Geschichte zu Ende erzählt ist, und in keinem Geschäft der Welt kann man noch Zylinder kaufen, und die Kaninchen liegen tiefgefroren im Supermarkt.

So ist das.

Und sollte die Polizei doch merken, daß dies eine Verschwörung ist, dann ist sie bereits zu spät, weil wir alle schon sehr erwachsen sind und vielleicht sogar Polizisten werden wollen.

Und vielleicht liest dann die Tante das Buch doch selbst nochmal und sagt: «Aha, aha», und dann sagt sie: «Aber warum eigentlich nicht?» Und geht zur Polizei und zieht ihre Anzeige, die sie ohnehin nie gemacht hat, wieder zurück.

Und in der Ecke im Kinderzimmer liegt ein Kindergeschichtenbuch mit Eselsohren und ein paar Rissen, sieht etwas verbraucht aus und sehr harmlos, und nur es selbst weiß, wie sehr, sehr gefährlich es ist und bleiben wird.

Und die Welt? Die muß halt dann das ertragen.

Peter Bichsel

Alexander I. Kuprin

Nadja und der Elefant

Eines Tages erkrankte ein kleines Mädchen. Jeden Tag kam der Arzt Michael Petrowitsch, den Nadja seit langem kannte. Einmal brachte er noch zwei andere Ärzte mit. Sie legten das Mädchen auf den Bauch und auf den Rücken. Sie schnauften schwer, suchten irgend etwas herauszuhorchen, legten das Ohr an den Leib und zogen an den Augenlidern. Die Ärzte machten ein ernstes Gesicht. Sie unterhielten sich in einer unverständlichen Sprache. Dann verließen sie das Kinderzimmer. Draußen wartete die Mutter auf sie. Der wichtigste Doktor sagte etwas Langweiliges und Ernstes. Die Tür war nicht verschlossen. Nadja hörte und sah vom Bett aus alles. Vieles verstand sie nicht, doch sie merkte, daß man über sie sprach. Die Mutter schaute mit großen, verweinten Augen zu den Ärzten. Zum Abschied sagte der Hauptdoktor: «Das Kind darf sich nicht langweilen. Erfüllen Sie ihm alle Wünsche.»
«Aber Nadja wünscht sich doch gar nichts, Herr Doktor!»
«Dann erinnern Sie sich daran, was dem Kind vor der Krankheit gefallen hat ... Spielzeug, Süßigkeiten ...»
«Nein, nein, Herr Doktor, Nadja will nichts, rein gar nichts ...»
«Versuchen Sie, ihr irgendein Vergnügen zu bereiten. Mit irgend etwas ... Wenn man sie zum Lachen bringen könnte, bestimmt, das wäre die beste Medizin. Begreifen Sie endlich, daß Ihre Tochter nur an Gleichgültigkeit erkrankt ist und an sonst gar nichts ...»
«Liebe Nadja, mein liebes Mädchen», sagte die Mutter, «hast du irgendeinen Wunsch?»
«Nein, Mama, ich wünsche mir gar nichts.»
«Ach Nadja, wenn du willst, setze ich alle Puppen auf dein Bett. Wir stellen

die Stühle und den Tisch zusammen, dann trinken die Puppen Tee und unterhalten sich über das Wetter und über ihre Kinder.»
«Danke, Mutti, aber ich habe keine Lust ... Ich langweile mich so.»
«Nun, dann lassen wir die Puppen. Vielleicht willst du Katja oder Tschenjuschka sehen. Die magst du ja.»
«Nein, Mutti, bitte nicht, ich will sie nicht sehen. Ich langweile mich so!»
«Dann bringe ich dir Schokolade!»
Nadja antwortete nicht, starrte mit traurigen Augen an die Decke. Sie hatte keine Schmerzen, nicht einmal Fieber, doch verlor sie an Gewicht und wurde immer schwächer. Alles, was man ihr gab, war ihr gleichgültig. Sie hatte keinen einzigen Wunsch. So lag sie Tag und Nacht da. Manchmal schlummerte sie für eine halbe Stunde ein. Aber selbst im Schlaf träumte sie nur von etwas Grauem, etwas so Langweiligem wie Herbstregen.
Durch die Tür sah Nadja ins Arbeitszimmer ihres Vaters. Er ging ruhelos von einer Ecke zur anderen und rauchte. Zuweilen trat er ins Kinderzimmer, setzte sich an den Rand des Bettes und streichelte Nadja zärtlich. Dann sprang er wieder auf und ging ans Fenster. Er blickte auf die Straße, pfiff etwas, aber seine Schultern zitterten. Er legte ein Taschentuch vor das eine Auge, dann vor das andere. Er schnaufte schwer und ging ins Arbeitszimmer zurück. Dort wanderte er wieder von einer Ecke zur andern und rauchte. Das Arbeitszimmer war blau von Tabaksrauch.
Eines Tages wachte Nadja munterer als sonst auf. Sie hatte etwas geträumt, konnte sich aber nicht daran erinnern.
«Brauchst du etwas?» fragte die Mutter.
Nadja versuchte sich an ihren Traum zu erinnern und flüsterte, als wäre es ein Geheimnis: «Mutti ... kann ich ... kann ich einen Elefanten haben? Aber nicht einen, der gemalt ist.»
«Gewiß, Nadja, gewiß.»
Mutter ging ins Arbeitszimmer und sagte zu Vater: «Nadja möchte einen Elefanten haben.»

Der Vater zog sofort seinen Mantel über, setzte seinen Hut auf und fuhr weg. Nach einer halben Stunde kam er mit einem großen grauen Stoffelefanten zurück. Er konnte mit dem Kopf und mit dem Schwanz wackeln. Auf dem Elefanten war ein roter Sitz, über dem Sitz ein goldenes Zelt, und darin hockten drei kleine Männlein.

Doch Nadja schaute auf das Spielzeug wie auf die Decke und die Wände und sagte: «Nein. Das ist es nicht. Ich will einen lebendigen Elefanten.»

«Schau nur, Nadja», sagte der Vater, «gleich wird er wie ein lebender sein.»

Er zog den Elefanten mit einem Schlüssel auf. Da wackelte er mit dem Kopf und dem Schwanz und bewegte sich langsam über den Tisch.

Nadja fand den Stoffelefanten blöd. Doch um den Vater nicht zu kränken, flüsterte sie: «Vielen Dank, Papa. Das ist ein lustiger Elefant. Niemand hat so lustiges Spielzeug. Nur hast du mir versprochen, mit mir in den Zoo zu gehen, zu den echten Elefanten ... und nie sind wir gegangen.»

«Aber Nadja, begreif' doch, daß wir jetzt nicht gehen können. Und einen hierher bringen? Nein, lebende Elefanten sind zu groß. Er würde bis zur Decke reichen. In unseren Zimmern ist kein Platz. Und außerdem, wo nehme ich einen lebenden Elefanten her?»

«Papa, einen so großen will ich gar nicht. Bring mir einen kleinen lebenden, einen ganz kleinen, einen ganz winzigen Elefanten ...»

«Liebe Nadja, ich tue alles für dich, aber das kann ich nicht. Du kannst ebensogut wünschen: ‹Papa, hol mir die Sonne vom Himmel!›»

Nadja lächelte traurig.

«Ach, wie dumm du bist, Papa. Glaubst du, ich weiß nicht, daß man die Sonne vom Himmel nicht herunterholen kann? Auch den Mond nicht. Nein, ich möchte nur einen ganz kleinen lebenden Elefanten ...»

Sie schloß die Augen und flüsterte: «Ich bin so müde, Papa ...»

Der Vater griff sich mit beiden Händen an den Kopf und begab sich in sein Arbeitszimmer. Dort ging er aufgeregt von einer Ecke in die andere. Dann warf er den Zigarettenstummel auf den Boden und rief zum Stubenmädchen: «Olga! Mantel und Hut!»

Da trat seine Frau in den Gang hinaus: «Wo willst du denn hin?»

Er knöpfte den Mantel zu und schnaufte schwer. «Ich weiß selbst nicht, wohin … Ich muß Nadja heute abend einen lebenden Elefanten mitbringen».

Die Frau betrachtete ihn aufgeregt. «Bist du recht bei Trost? Einen lebenden Elefanten! Hast du heute nacht schlecht geschlafen?»

«Ich habe überhaupt nicht geschlafen», antwortete er gereizt. «Und ob ich den Verstand verloren habe: Noch nicht. Auf Wiedersehen! Heute abend sehen wir weiter.» Laut schlug er die Türe hinter sich zu und verschwand.

Zwei Stunden später saß er im Zirkus in der ersten Reihe und schaute zu, wie verschiedene Tiere auf Befehl ihres Herrn Kunststücke zeigten. Die schlauen Hunde schlugen Purzelbäume, tanzten, bellten zur Musik, setzten Worte aus großen Pappbuchstaben zusammen. Die Äffchen – einige in roten Röckchen, die anderen in blauen Höschen – liefen auf einem Seil und ritten auf einem großen Pudel. Ein großer gelber Löwe sprang durch einen brennenden Ring. Eine fette Seerobbe schoß aus einer Pistole. Ganz zum Schluß kamen die Elefanten dran. Es waren drei: ein großer und zwei kleine, und die waren noch viel größer als ein Pferd. Am geschicktesten zeigte sich der große Elefant. Erst richtete er sich auf den Hinterbeinen auf, setzte sich hin, machte einen Kopfstand und schritt danach durch eine Reihe hölzerner Flaschen hindurch, lief auf einem rollenden Faß, blätterte mit dem Rüssel in den Seiten eines großen Buches, setzte sich schließlich an einen Tisch, band sich eine Serviette um und aß wie ein wohlerzogenes Kind.

Die Vorstellung ging zu Ende, die Zuschauer zerstreuten sich. Nadjas Vater ging auf den dicken Zirkusdirektor zu. Dieser hatte eine große schwarze Zigarre im Mund.

«Entschuldigen Sie bitte!» sagte der Vater. «Könnte vielleicht Ihr Elefant für kurze Zeit zu uns nach Hause kommen?»

Der Zirkusdirektor riß vor Staunen den Mund so weit auf, daß seine Zigarre

auf den Boden fiel. Ächzend bückte er sich, hob die Zigarre auf, steckte sie wieder zwischen die Lippen und sagte dann: «Zu Ihnen? Der Elefant? Habe ich Sie richtig verstanden?»

Der Zirkusdirektor sah so aus, als wolle auch er Vater fragen, ob er Kopfschmerzen habe ... Doch Vater beeilte sich, die Sache zu erklären: «Meine kleine Tochter hat eine seltsame Krankheit. Sogar die Ärzte werden nicht klug daraus. Seit einem Monat liegt sie im Bett, verliert an Gewicht und wird von Tag zu Tag schwächer. An nichts hat sie Freude, und sicher wird sie bald sterben. Die Ärzte sagen, man müsse etwas finden, was ihr Spaß bereite, doch ihr gefällt nichts. Die Ärzte sagen, wir sollen ihr jeden Wunsch erfüllen, doch sie hat keine Wünsche. Heute hat sie sich zum erstenmal etwas gewünscht: einen lebenden Elefanten. Muß man ihr diesen Wunsch wirklich abschlagen?»

Er packte den Zirkusdirektor am Mantel und fügte mit zitternder Stimme hinzu: «So ist das. Und ich will, daß Nadja gesund wird. Wenn ihre Krankheit ein schlechtes Ende nimmt und sie stirbt? Ein ganzes Leben lang würde mich der Gedanke quälen, daß ich ihr den letzten Wunsch nicht erfüllt habe!»

Der Zirkusdirektor schaute finster drein, kratzte sich gedankenvoll die linke Augenbraue. Dann fragt er: «Hm ... Wie alt ist Nadja?»

«Sechs Jahre.»

«Hm ... Meine Lisa ist auch sechs Jahre alt. Aber eins muß ich Ihnen sagen: Das wird ein teurer Spaß werden! Den Elefanten kann ich nur nachts zu Ihnen bringen und in der folgenden Nacht wieder abholen. Am Tage ist nichts zu machen. Was würden die Leute sagen? Und dann verliere ich einen ganzen Tag. Diesen Verlust müssen Sie mir ersetzen.»

«Aber selbstverständlich, Herr Zirkusdirektor, darüber brauchen Sie sich keine Gedanken zu machen ...»

Der Zirkusdirektor kratzte sich wieder: «Ja, schon recht, aber ob die Polizei es gestatten wird, einen Elefanten in ein Privathaus zu bringen?»

«Das bringe ich in Ordnung. Die Polizei muß es erlauben.»

«Aber der Hausbesitzer? Gestattet er, daß man einen Elefanten hineinbringt?»

«Ich bin selber der Hausbesitzer.»

«Um so besser. Und noch eine Frage: In welchem Stock wohnen Sie?»

«Im zweiten.»

«Hm ... Das wird schwierig sein. Haben Sie eine breite Treppe, hohe Räume, eine weite Tür und einen sehr festen Boden? Mein Tommy ist nämlich zweieinhalb Meter groß, etwa drei Meter lang, und er wiegt viertausendvierhundertachtzig Pfund.»

Der Vater dachte einen Augenblick nach.

«Wissen Sie was?» sagte er. «Fahren wir zu mir nach Hause und besehen wir uns gemeinsam alles. Wenn nötig, lasse ich den Eingang breiter machen.»

«Sehr gut», sagte der Zirkusdirektor.

Alles schien in Ordnung zu sein. In der Nacht wurde der Elefant zu Nadja gebracht.

Tommy hatte eine weiße Decke auf dem Rücken, schritt gewichtig mitten auf der Straße daher, schaukelte mit dem Kopf und reckte seinen Rüssel ganz nach oben, dann wieder rollte er ihn zusammen. Die Leute wunderten sich, als sie mitten in der Nacht einen Elefanten auf der Straße sahen. Der Elefant aber kümmerte sich nicht darum. Jeden Tag sah er im Zirkus eine Menge Menschen.

Endlich kamen sie zum Haus von Nadjas Vater. Alle Türen waren weit geöffnet; doch vor der Treppe blieb der Elefant stehen und wollte sich nicht von der Stelle rühren.

«Man muß ihm Zucker geben», sagte der Zirkusdirektor. «Komm, Tommy ... Tommy!»

Nadjas Vater lief in die Küche und holte einen großen runden Kuchen. Der Elefant versuchte, den ganzen Kuchen samt der Platte zu verschlucken. Der Zirkusdirektor gab ihm aber nur ein Viertel vom Kuchen. Er schien ganz nach

dem Geschmack des Elefanten zu sein. Er streckte den Rüssel nach dem Rest aus. Der Zirkusdirektor aber war schlau. Mit dem Kuchen ging er Stufe um Stufe nach oben. Der Elefant folgte ihm mit ausgestrecktem Rüssel und gespreizten Ohren. Auf der Treppe oben bekam Tommy die zweite Portion.
So brachte man ihn ins Eßzimmer, aus dem man fast alle Möbel hinausgetragen hatte. Der Boden war mit Stroh ausgelegt. Hier wurde der Elefant angebunden. Vor ihm lag ein Haufen frische Karotten, Weißkohl und Rettiche. Der Zirkusdirektor setzte sich aufs Sofa. Alle Lichter wurden nun gelöscht, und das ganze Haus versank in tiefen Schlaf.

Am nächsten Tag wachte Nadja schon in aller Frühe auf und fragte sofort:
«Was ist mit meinem Elefanten? Ist er gekommen?»
«Er ist gekommen», antwortete die Mutter. «Aber er will, daß du dich zuerst wäschst, ein Rührei ißt und heiße Milch trinkst.»
«Ist er gutmütig?»
«Er ist gutmütig. Iß jetzt, Nadja. Gleich gehen wir zum Elefanten.»
«Ist er auch lustig?»
«Ein bißchen. Zieh ein warmes Jäckchen an.»
Das Ei wurde gegessen, die Milch getrunken. Nadja wurde in den Stubenwagen gesetzt, in dem sie herumgefahren worden war, als sie noch ganz klein war. Vater schob den Wagen ins Eßzimmer.
Der Elefant war viel größer, als Nadja sich ihn vorgestellt hatte. Er war so hoch, daß er gerade noch durch die Tür ging. In der Länge füllte er das halbe Eßzimmer aus. Seine Haut war grob, lag in schweren Falten, die Beine waren dick wie Säulen. Und hinten hatte er einen Schwanz mit einer Art Besen am Ende. Die Ohren waren riesig und hingen nach unten. Tommy hatte winzige Augen, doch schaute er klug und gemütlich drein. Der Rüssel war wie eine lange Schlange und hatte zwei Nüstern am Ende.
Nadja war keineswegs erschrocken. Sie war nur von der Größe des Tieres überrascht. Dafür kreischte Polya, das Kindermädchen, vor Angst.

Der Zirkusdirektor trat zum Stubenwagen und sagte: «Guten Morgen, Nadja. Hab keine Angst. Tommy ist gutmütig und liebt Kinder.»

Nadja gab dem Zirkusdirektor ihr kleines, weißes Händchen.

«Ich habe doch keine Angst», sagte sie. «Und wie heißt er?»

«Tommy.»

«Guten Tag, Tommy», sagte Nadja. «Wie haben Sie die Nacht geschlafen?»

Weil der Elefant so groß war, wagte sie nicht, ihn zu duzen.

Auch ihm reichte sie die Hand. Der Elefant nahm diese vorsichtig mit seinem Rüssel und war dabei viel zärtlicher als der Doktor.

«Versteht er auch alles?» fragte Nadja den Zirkusdirektor.

«Alles, Nadja. Auch ich habe ja ein Töchterchen. Das ist ebenso klein wie du. Sie heißt Lisa. Tommy ist ihr bester Freund.»

«Haben Sie Ihre Schokolade getrunken?» fragte das Mädchen den Elefanten.

«Nein, er hat keine Schokolade getrunken. Tommy trinkt aber mit Vergnügen Wasser und ißt Brötchen», erklärte der Zirkusdirektor.

Ein Tablett mit Brötchen wurde gebracht. Der Elefant griff mit dem Rüssel danach, und ein Brötchen verschwand irgendwo unter dem Kopf. Nachdem die Brötchen alle gegessen waren, machte Nadja den Elefanten mit ihren Puppen bekannt und wollte mit ihm spielen. «Du bist jetzt der Vater und ich die Mutter, und das sind unsere Kinder.»

Tommy war einverstanden. Er versuchte, sich eine Puppe in den Mund zu stecken. Doch das war nur Spaß. Er kaute ein bißchen an ihr herum und legte sie dann Nadja auf die Knie.

Dann zeigte Nadja Tommy ihr großes Bilderbuch und erklärte: «Das ist ein Pferd, das ein Kanarienvogel und das ein Gewehr ... Und schauen Sie sich den Elefanten hier an. Er sieht gar nicht wie ein richtiger Elefant aus, nicht wahr? Gibt es denn Elefanten, die so klein sind, Tommy?»

Tommy fand, daß es auf der ganzen Welt keine so kleinen Elefanten gäbe.

Die Mittagszeit kam. Nadja wollte sich nicht vom Elefanten trennen. Da schlug der Zirkusdirektor vor: «Wenn du willst, essen wir gemeinsam.»

Er befahl dem Elefanten, sich hinzusetzen. Der Elefant gehorchte, und die ganze Wohnung erzitterte. Nadja nahm ihm gegenüber Platz. Zwischen beide stellte man einen Tisch. Dem Elefanten wurde eine große Tischdecke als Serviette umgebunden, und so speisten sie zusammen. Das Mädchen aß Hühnersuppe und ein Kotelett, der Elefant verschiedene Gemüse und Salate. Der Zirkusdirektor saß mittlerweile mit dem Vater im Empfangszimmer und trank Bier.

Allmählich kam der Abend. Nadja mußte nun ins Bett.

Sie wollte sich vom Elefanten noch immer nicht trennen. Endlich schlief sie neben ihm ein und wurde dann ins Kinderzimmer gefahren. Sie spürte es nicht einmal, als sie ausgezogen wurde.

In dieser Nacht träumte Nadja, daß sie Tommy geheiratet habe und daß sie viele Kinder hätten: kleine, gutmütige Elefanten.

Der Elefant aber, den man in derselben Nacht wieder in den Zirkus zurückgebracht hatte, träumte von einem lieben, zärtlichen Mädchen. Außerdem träumte er von süßen Kuchen, die so groß sind wie ein Scheunentor.

Am nächsten Morgen erwachte Nadja und schrie wie zu den Zeiten, als sie noch ganz gesund war: «Milch!»

Als die Mutter in ihrem Schlafzimmer diesen Schrei hörte, bekreuzigte sie sich freudig.

Doch das Mädchen dachte an den gestrigen Tag und fragte: «Und wo ist mein Elefant?»

Der Elefant, so erklärte man ihr, sei nach Hause gegangen. Er habe Kinder, die er nicht allein lassen dürfe. Tommy lasse sie grüßen und erwarte sie, sobald sie gesund sei, bei sich im Zirkus.

Nadja lächelte und sagte: «Sagt Tommy, ich sei gesund und käme bald.»

Marcel Aymé

Die Rechenaufgabe

Die Eltern stießen die Tür auf und blieben auf der Schwelle zur Küche stehen. Delphine und Marinette saßen vor ihren Aufgabenheften und kehrten ihnen den Rücken zu. Sie nagten am Federhalter und schlenkerten die Beine unterm Tisch.

«Und?» fragten die Eltern. «Habt ihr die Aufgabe gemacht?»

Die Kleinen wurden rot. Sie nahmen den Federhalter aus dem Mund.

«Noch nicht», antwortete Delphine kläglich. «Sie ist schwer. Die Lehrerin hat uns gewarnt.»

«Wenn die Lehrerin sie euch aufgegeben hat, dann könnt ihr sie auch lösen. Aber es ist immer dieselbe Geschichte: Zum Spielen kommt ihr nie zu spät, und wenn es ans Arbeiten geht, ist keines von euch zur Stelle. Ihr habt nicht mehr Verstand als ein Holzschuh. Das muß anders werden. Nicht einmal eine Rechenaufgabe könnt ihr lösen.»

«Wir zerbrechen uns schon seit zwei Stunden den Kopf», sagte Marinette.

«Gut, dann zerbrecht ihn euch nur weiter. Ihr habt den ganzen freien Nachmittag lang Zeit, aber heute abend muß die Aufgabe gelöst sein. Und wenn ihr sie nicht habt, wenn ihr sie nicht habt! Ich will lieber nicht daran denken, was euch dann bevorsteht.»

Der Gedanke, die Rechenaufgabe könnte bis zum Abend nicht gelöst sein, brachte die Eltern dermaßen in Zorn, daß sie drei Schritte weiter in die Küche traten. So standen sie hinter dem Rücken der Kleinen, streckten den Hals über ihre Köpfe und blieben erst einmal stumm vor Entrüstung. Delphine und Marinette hatten gezeichnet; Delphine einen Hampelmann, der die ganze Seite des Sudelheftes füllte, Marinette ein Haus mit einem rauchenden

Schornstein, einen Teich, in dem eine Ente schwamm, und eine sehr lange Straße, auf der der Postbote dahergeradelt kam. Die Kleinen saßen kleinlaut auf ihren Stühlen und zogen die Köpfe ein. Die Eltern schimpften: Das sei ja unglaublich. Wie hätten sie es verdient, solche Töchter zu haben! Und mit großen Schritten gingen sie zornig in der Küche auf und ab. Sie machten einen solchen Lärm, daß der Hund, der unter dem Tisch zu den Füßen der Kleinen gelegen hatte, aufstand und sich vor sie hinstellte. Es war ein Schäferhund und mochte sie im Grunde gut, aber noch mehr liebte er Delphine und Marinette.

«Seid ihr unvernünftig», bellte er. Bei eurem Schreien und Stampfen kommen sie mit der Rechenaufgabe auch nicht weiter. Und zudem, wozu Aufgaben machen, wenn es draußen so schön ist? Es wäre besser, die Kleinen würden spielen.»

«Genau», riefen die Eltern. «Und später, wenn sie zwanzig Jahre alt und verheiratet sind, werden sie so dumm sein, daß ihre Ehemänner sie auslachen.»

«Sie werden ihre Ehemänner Ballspielen und Verstecken lehren. Nicht wahr, Kinder?»

«O ja», sagten die Kleinen.

«Seid endlich still!» riefen die Eltern. «An die Arbeit jetzt. Ihr solltet euch schämen. Zwei so große Dummköpfe, die nicht einmal eine Rechenaufgabe lösen können.»

«Ihr macht euch zu viele Sorgen», sagte der Schäferhund. «Wenn sie die Aufgabe nicht lösen können, nun gut, was wollt ihr, dann können sie es eben nicht. Am besten, man findet sich damit ab. Das tu' ich jedenfalls.»

«Die Zeit mit solchem Gesudel zu verlieren, statt ... Doch genug! Wir sind einem Hund keine Rechenschaft schuldig, wir gehen jetzt. Und ihr, nehmt euch in acht, es wird nicht gespielt. Und wehe, wenn die Rechenaufgabe heute abend nicht gelöst ist.»

Bei diesen Worten verließen die Eltern die Küche, nahmen ihre Geräte und gingen das Kartoffelfeld jäten. Delphine und Marinette beugten sich über ihre Hefte und schluchzten. Der Hund drängte sich zwischen ihre Stühle, legte die Vorderpfoten auf den Tisch und schleckte mehrmals ihre Wangen. «Ist die Aufgabe wirklich so schwer?»

«Und wie!» seufzte Marinette. «Wir verstehen sie nicht.»

«Wenn ich wüßte, worum es sich handelt», sagte der Hund, «würde mir vielleicht etwas einfallen.»

«Ich will dir die Aufgabe vorlesen», sagte Delphine. «Der Gemeindewald hat eine Fläche von sechzehn Hektaren. Auf einer Are stehen drei Eichen, zwei Buchen und eine Birke. Wie viele Bäume von jeder Art enthält der Gemeindewald?»

«Ich bin ganz eurer Meinung», sagte der Hund, «das ist keine leichte Rechenaufgabe. Und vor allem, was ist eine Hektare?»

«Das wissen wir auch nicht genau», sagte Delphine, die Ältere und auch Gescheitere von beiden. Eine Hektare ist ungefähr so etwas wie eine Are, aber ich kann nicht sagen, was größer ist. Ich glaube, die Hektare.»

«Aber nein», protestierte Marinette. «Die Are ist größer.»

«Streitet euch nicht», sagte der Hund. «Es ist nicht wichtig, ob die Are größer oder kleiner ist. Machen wir uns lieber an die Aufgabe: Also: ‹Der Gemeindewald ...›»

Nachdem er den Wortlaut der Aufgabe auswendig gelernt hatte, dachte er lange darüber nach. Manchmal wackelte er mit den Ohren, und die Kleinen schöpften ein wenig Hoffnung, aber er mußte schließlich gestehen, daß er daraus auch nicht klug wurde. «Ihr braucht deswegen den Mut nicht zu verlieren. Die Aufgabe mag noch so schwer sein, am Ende werden wir sie lösen. Ich will alle Tiere des Hauses versammeln. Zusammen werden wir die Lösung finden.»

Der Hund sprang durchs Fenster und suchte das Pferd auf, das auf der Wiese weidete. Er sagte: «Der Gemeindewald hat eine Fläche von sechzehn Hektaren.»

«Das ist schon möglich», sagte das Pferd, «aber ich seh nicht ein, was mich das angeht.»

Als der Hund ihm erklärt hatte, in welcher schwierigen Lage sich die Kleinen befänden, da zeigte es sich alsbald sehr besorgt und war ebenfalls der Ansicht, man müsse die Rechenaufgabe allen Tieren des Hofes unterbreiten. Es ging in den Hof zurück, wieherte dreimal und begann mit den vier Hufen auf den Planken der Wageneinfahrt zu tanzen, so daß es wie eine Trommel tönte. Auf sein Hufgepolter hin liefen von allen Seiten die Hühner, die Kühe, die Ochsen, die Gänse, das Schwein, die Ente, die Katzen, der Hahn und die Kälber herbei und bildeten einen Halbkreis. Der Hund stellte sich zwischen die beiden Kleinen unters Fenster und las die Rechenaufgabe vor: «Der Gemeindewald hat eine Fläche von sechzehn Hektaren ...»

Die Tiere überlegten schweigend. Der Hund wandte sich den Kleinen zu, zwinkerte mit den Augen und gab ihnen so zu verstehen, daß er voll Hoffnung sei. Doch bald erhob sich unter den Tieren ein entmutigtes Gemurmel. Die Ente, auf die man alles setzte, hatte nichts herausgefunden, und die Gänse jammerten, sie hätten Kopfschmerzen.

«Das ist zu schwer», sagten die Tiere. «Das ist keine Aufgabe für uns. Wir begreifen nichts. Wir geben es auf.»

«Das kann nicht euer Ernst sein», rief der Hund. «Ihr werdet die Kleinen doch nicht im Stich lassen. Denkt noch einmal gründlich nach.»

«Wozu sich den Kopf zerbrechen», grunzte das Schwein, «wenn doch nichts herauskommt.»

«Natürlich», sagte das Pferd. «Du willst für die Kleinen nichts tun. Du hältst es mit den Eltern.»

«Das ist nicht wahr! Ich bin für die Kleinen. Doch ich glaube, eine solche Aufgabe ...»

«Ruhe!»

Die Tiere machten sich von neuem daran, nach einer Lösung zu suchen, aber der Erfolg war nicht größer als das erste Mal. Die Gänse bekamen immer mehr Kopfschmerzen. Die Kühe fingen an, schläfrig zu werden. Das Pferd ließ sich trotz seinem guten Willen immer wieder ablenken und drehte den Kopf nach rechts und nach links. Als es zur Wiese hinüber schaute, sah es ein kleines weißes Huhn in den Hof kommen.

«Ja, nur immer schön langsam!» schimpfte das Pferd. «Haben Sie das Zeichen zur Versammlung nicht gehört?»

«Ich mußte ein Ei legen», erwiderte das Huhn. «Sie werden mich doch nicht etwa am Eierlegen hindern wollen, hoffe ich.»

Das weiße Huhn nahm bei den andern Hühnern in der ersten Reihe Platz und erkundigte sich, warum man zusammengekommen sei. Der Hund hielt es nicht für notwendig, ihm Auskunft zu geben. Er glaubte nicht im geringsten daran, daß das weiße Huhn die Rechenaufgabe lösen könne; alle andern hatten ja versagt. Er beriet sich mit Delphine und Marinette. Aber die beiden waren der Meinung, man müsse auch das weiße Huhn ins Bild setzen. So las der Hund noch einmal die Rechenaufgabe vor.

«Der Gemeindewald hat eine Fläche von sechzehn Hektaren …»

«Nun, ich sehe nicht ein, warum ihr nicht weiterkommt», sagte das kleine weiße Huhn, als er fertig geredet hatte. «Das alles dünkt mich sehr einfach.»

Die Kleinen schauten hoffnungsvoll zu ihm hin. Die Tiere aber sagten: «Es hat nichts herausgefunden. Es will sich nur wichtig machen. Es weiß gar nicht mehr als wir. Wie soll es auch, so ein kleines Huhn!»

«Ach, laßt es reden», sagte der Hund. «Still, Schwein, und auch ihr, Kühe, Ruhe! Also, was hast du herausgefunden?»

«Ich sage noch einmal, es ist sehr einfach», erwiderte das kleine weiße Huhn. «Und ich wundere mich nur, daß niemand daran gedacht hat. Der Gemeindewald ist hier ganz in der Nähe. Und wenn wir erfahren wollen, wie viele Eichen, Buchen und Birken es dort gibt, gehen wir am besten hin und zählen sie. Ich bin sicher, wir brauchen alle zusammen nicht mehr als eine Stunde.»

«So etwas!» rief der Hund.

«So etwas!» rief das Pferd.

Delphine und Marinette waren so verblüfft, daß sie nichts zu sagen wußten. Sie sprangen durch das Fenster hinaus, knieten bei dem kleinen weißen Huhn nieder und streichelten seine Federn auf dem Rücken und an der Brust. Es wehrte bescheiden ab und sagte: «Das ist doch nichts Besonderes.»
Die Tiere drängten sich um es herum, um es zu beglückwünschen. Selbst das Schwein, das ein wenig neidisch war, konnte seine Bewunderung nicht verbergen. «Ich hätte nie geglaubt, daß ein Huhn so begabt sein kann», sagte es.
Das Pferd und der Hund gingen mit Delphine und Marinette an der Spitze von allen übrigen Tieren über die Straße zum nahen Wald. Dort mußten sie erst jedem beibringen, was eine Eiche, eine Buche oder eine Birke sei. Dann wurde der Gemeindewald in so viele Teile aufgeteilt, wie es Tiere gab, das heißt zweiundvierzig (ohne die Küken, die Gänschen, Kätzchen und Ferkelchen mitzurechnen; ihnen übertrug man die Aufgabe, die Erdbeerpflänzchen und die Stengel der Maiglöckchen zu zählen). Das Schwein beklagte sich, man habe ihm ein schlechtes Waldstück zugeteilt, hier seien die Bäume nicht so dicht wie anderswo. Es grunzte, das Stück Wald, das man dem kleinen weißen Huhn gegeben habe, wäre ihm zugekommen.
«Sie armer Kerl», sagte das weiße Huhn. «Ich weiß nicht, was sie an meinem Stück Wald so anzieht, aber das weiß ich: Man sagt mit Recht ‹dumm wie eine Sau›.»
«Sie blödes kleines Huhn. Sie plustern Ihr Gefieder, weil Sie die Aufgabe haben lösen können, aber das hätte jedermann gekonnt.»
«Sage ich etwa das Gegenteil? Marinette, gib doch mein Waldstück dem Schwein da, und such mir ein anderes aus, möglichst weit entfernt von diesem groben Klotz.»
Marinette stellte sie zufrieden, und jedes machte sich an die Arbeit. Während die Tiere die Bäume im Wald zählten, gingen die Mädchen von einem Teil zum andern, sammelten die Zahlen und schrieben sie in ihr Sudelheft.
«Zweiundzwanzig Eichen, drei Buchen, vierzehn Birken», sagte eine Gans.
«Zweiunddreißig Eichen, elf Buchen, vierzehn Birken», sagte das Pferd.

Dann begannen sie noch einmal von vorn zu zählen. Die Arbeit ging sehr rasch vor sich, und alles schien sich ohne Zwischenfall abzuwickeln. Drei Viertel der Bäume waren gezählt, und die Ente, das Pferd und das kleine weiße Huhn hatten eben ihre Arbeit beendet, als ein Gebrüll aus dem Gemeindewald ertönte.

Man hörte das Schwein rufen: «Zu Hilfe! Delphine! Marinette! Zu Hilfe!»

Die Kleinen liefen dem Hilfeschrei nach und gelangten mit dem Pferd zum Schwein. Dieses stand, am ganzen Leibe zitternd, einem großen Wildschwein gegenüber, das es wütend anglotzte und zornig grunzte: «Hören Sie endlich auf, so zu kreischen, Sie Dummkopf! Was fällt Ihnen ein, mitten am Tag ehrbare Leute aufzustören! Ich will Ihnen Lebensart beibringen. Hätte ich einen Kopf wie Sie, so würde ich mich verborgen halten und ihn nicht im Wald herumzeigen. Geht ins Nest, Kinderchen.»

Diese letzten Worte waren an ungefähr zehn junge Frischlinge gerichtet, die sich um das Schwein herum tummelten und sogar zwischen seinen Beinen spielten. Auf dem Rücken hatten sie lange helle Streifen und waren groß wie Katzen und hatten kleine lachende Augen. Wahrscheinlich hatte es das Schwein nur ihnen zu verdanken, daß es unversehrt war, denn das Wildschwein hätte sich nicht auf das Schwein stürzen können, ohne auf den einen oder anderen Frischling zu treten.

«Was wollen denn die alle noch?» grunzte das Wildschwein, als es das Pferd mit den Kleinen kommen sah. «Man könnte wirklich meinen, man sei auf einer Hauptstraße. Es fehlen nur noch die Autos.»

Das Wildschwein schaute so böse drein, daß es den Kindern große Furcht einjagte. Sie blieben sofort stehen, stackelten eine Entschuldigung, aber da bemerkten sie die Frischlinge, vergaßen das große Wildschwein und riefen, noch nie hätten sie so etwas Niedliches gesehen. Sie begannen mit ihnen zu spielen, streichelten und küßten sie. Die Wildschweinchen waren glücklich, daß sie jemanden zum Spielen gefunden hatten, und grunzten vor Freude und Zuneigung.

«Wie hübsch sie sind», sagten Delphine und Marinette immer wieder. «Wie lieb sie sind.»

Das Wildschwein schaute nicht mehr böse drein. Seine Augen strahlten wie die der jungen Wildschweinchen, und in sein Gesicht trat ein sanfter Zug.

«Man hat viele Scherereien mit ihnen, weil sie so übermütig sind; aber was will man, es ist ihr Alter. Die Mutter behauptet, sie seien hübsch. Ich bin bei

Gott nicht böse, daß ihr derselben Meinung seid. Wenn ich aufrichtig sein soll, kann ich das von diesem Schwein nicht behaupten, das mich so dumm anglotzt. Was für ein komisches Tier! Ist es möglich, daß man so häßlich sein kann?»

Das Schwein zitterte immer noch vor Angst und wagte nichts zu sagen, aber es fand, es sei schöner als das Wildschwein, und rollte wütend die Augen.

«Und ihr, Mädchen, wie kommt ihr in den Gemeindewald?»

«Wir sind mit unsern Freunden gekommen, um die Bäume zu zählen. Doch das Pferd wird alles erklären. Wir müssen jetzt gehen und unsere Rechenaufgabe fertig machen.»

Delphine und Marinette küßten noch einmal die kleinen Wildschweine und versprachen, bald wieder zu kommen.

«Denken Sie», sagte das Pferd, «die Schullehrerin hat den Kleinen eine sehr schwere Aufgabe gegeben.»

«Ich verstehe nicht recht. Sie müssen entschuldigen, ich lebe sehr zurückgezogen, gehe selten aus, und nur nachts. Das Leben im Dorf ist mir fremd.» Das Wildschwein schwieg, um einen Blick auf das Schwein zu werfen, dann sagte es laut: «Wie häßlich doch dieses Tier ist. Ich kann mich nicht daran gewöhnen. Diese rosa Haut hat wirklich etwas Abstoßendes an sich. Reden wir nicht mehr davon. Ich sagte also, daß ich von vielen Dingen nichts weiß, da ich nachts lebe. Was ist zum Beispiel eine Schullehrerin? Und was ist eine Rechenaufgabe?»

Das Pferd erklärte, was eine Lehrerin und was eine Aufgabe sei. Das Wildschwein interessierte sich sehr für die Schule und bedauerte, daß es seine Frischlinge nicht hinschicken konnte. Aber es verstand nicht, daß die Eltern der Kleinen so streng waren.

«Glauben Sie, ich könnte meine Jungen wegen einer Rechenaufgabe einen Nachmittag lang am Spielen hindern? Sie würden mir nicht gehorchen. Zudem würde ihre Mutter sie sicher unterstützen und gegen mich sein. Aber worin besteht diese wichtige Aufgabe?»

«Sie lautet folgendermaßen: ‹Der Gemeindewald hat eine Fläche ...›»

Als das Pferd die Aufgabe aufgesagt hatte, rief das Wildschwein ein Eichhörnchen herbei, das eben auf den untersten Ast einer Buche gehüpft war. «Mach sofort ausfindig, wie viele Eichen, Buchen und Birken im Gemeindewald stehen», sagte es. «Ich warte hier auf dich.»

Das Eichhörnchen verschwand sogleich in den höchsten Zweigen. Es benachrichtigte die andern Eichhörnchen, und das Wildschwein behauptete, es werde die Antwort vor einer Viertelstunde schon bringen. So könne man kontrollieren, ob Delphine und Marinette richtig zusammengezählt hätten. Das Schwein war die ganze Zeit unter den jungen Wildschweinen gestanden, da kam ihm auf einmal in den Sinn, daß es seine Arbeit nicht fertig gemacht hatte, aber es wußte nicht mehr, wo es stehengeblieben war, und so mußte es von vorne beginnen. Wie es noch unentschieden war, ob es sich auf den Weg machen sollte, sah es, daß die Ente und das kleine weiße Huhn näher kamen.

«Ich hoffe, Sie sind nicht zu müde», sagte das Huhn. «Es war nicht der Mühe wert, sich eben noch so stolz und aufgeblasen zu gebärden und dann alles im Stich zu lassen. Die Ente und ich haben uns in Ihre Arbeit teilen müssen.»
Das Schwein war sehr verlegen und wußte nicht, was es sagen sollte. Das kleine weiße Huhn fügte schnippisch hinzu: «Sie brauchen sich nicht zu entschuldigen. Sie brauchen auch nicht zu danken. Es ist nicht der Mühe wert.»
«Aha, das kommt also noch dazu», sagte das Wildschwein. «Es ist häßlich, hat eine rosarote Haut, und nun ist es auch noch faul.»
Die jungen Wildschweine wollten mit den neu Angekommenen spielen, doch das kleine weiße Huhn bat, man möge es in Ruhe lassen. Sie gaben sich jedoch nicht zufrieden, stießen es mit dem Kopf oder legten ihre Pfoten auf seinen Rücken. Schließlich flatterte es auf den Ast eines Haselstrauches. Da kamen Delphine und Marinette mit den andern Tieren des Hofes, um die Baumzahl, die das Schwein ihnen geben sollte, zu holen. Die Gans und das kleine weiße Huhn sagten die Zahl. So mußten sie nur noch dreimal zusammenzählen.
Ein paar Minuten später verkündete Delphine: «Im Gemeindewald stehen dreitausendneunhundertachtzehn Eichen, tausendzweihundertvierzehn Buchen und tausenddreihundertzwei Birken.»
«Wie ich es mir gedacht habe», sagte das Schwein.
Delphine dankte den Tieren, daß sie so fleißig gezählt hatten, und vor allem dem kleinen weißen Huhn, das die Aufgabe verstanden und die Lösung gefunden hatte. Die Wildschweinchen waren erst eingeschüchtert durch die vielen Tiere, doch dann wagten sie sich näher heran und gingen zu den Gänsen. Diese in ihrer Gutmütigkeit machten beim Spielen gerne mit. Die Kinder gesellten sich zu ihnen und dann all die andern Tiere und sogar das Wildschwein, das aus vollem Halse lachte. Noch nie war es im Gemeindewald so laut und lustig zugegangen.
«Ich möchte das Spiel nicht verderben», sagte der Hund nach einer Weile, «aber die Sonne geht unter. Die Eltern werden bald zurückkommen, und

wenn sie niemanden auf dem Hof finden, könnten sie leicht ihre gute Laune verlieren.»

Wie sie sich anschickten wegzugehen, erschien eine Gruppe Eichhörnchen auf dem untersten Ast einer Buche, und eines sagte zum Wildschwein: «Im Gemeindewald stehen dreitausendneunhundertachtzehn Eichen, tausendzweihundertvierzehn Buchen und tausenddreihundertzwei Birken.»

Die Zahlen des Eichhörnchens stimmten mit denen der Kinder überein, und das Wildschwein freute sich darüber.

«Das ist der Beweis, daß ihr euch nicht getäuscht habt. Morgen wird die Lehrerin euch eine gute Note geben. Ach, ich möchte dabei sein, wenn sie euch lobt. Ich möchte doch so gern einmal eine Schule sehen.»

«So kommt doch morgen vormittag», schlugen die Kinder vor. «Die Lehrerin wird gewiß nicht böse werden und wird euch ins Klassenzimmer hineinlassen.»

«Glaubt ihr? Nun, dann sage ich nicht nein. Ich will es mir überlegen.»

Als die Kleinen das Wildschwein verließen, war dieses so gut wie entschlossen, am nächsten Morgen in die Schule zu kommen. Das Pferd und der

Hund hatten versprochen, ebenfalls hinzugehen, damit es nicht als einziger Fremder vor der Lehrerin erscheinen mußte.

Als die Eltern vom Feld zurückkamen, sahen sie, daß Delphine und Marinette im Hof spielten, und von der Straße her riefen sie: «Habt ihr eure Aufgabe gemacht?»

«Ja», antworteten die Kleinen und gingen ihnen entgegen, «aber sie gab uns zu schaffen.»

«Es war eine harte Arbeit», bestätigte das Schwein. «Ich will nicht vorwitzig sein, aber im Wald ...»

Marinette trat ihm auf den Fuß und brachte es so zum Schweigen. Die Eltern schauten es schief an und brummelten, dieses Tier werde immer dümmer. Dann sagten sie zu den Kleinen: «Es genügt nicht, die Aufgabe gemacht zu haben. Sie muß auch richtig sein. Doch das wird man morgen erfahren. Wir werden sehen, was für eine Note die Lehrerin euch gibt. Wenn eure Lösung falsch ist, könnt ihr sicher sein, daß ihr nicht ungeschoren davonkommt. Man kann eine Rechenaufgabe nicht nur so hinschmieren.»

«Wir haben sie nicht hingeschmiert», versicherte Delphine, «und ihr könnt sicher sein, daß sie stimmt.»

«Übrigens hat das Eichhörnchen dasselbe herausgefunden wie wir», erklärte das Schwein.

«Das Eichhörnchen! Das Schwein verliert völlig den Verstand. Kein Wort mehr jetzt, und vorwärts in den Stall!»

Als die Lehrerin am nächsten Morgen vor dem Schultor erschien, um die Schüler hineinzulassen, wunderte sie sich nicht, auf dem Schulhausplatz ein Pferd, einen Hund, ein Schwein und ein kleines weißes Huhn zu sehen. Es kam nicht selten vor, daß sich ein Tier vom benachbarten Hof hierher verirrte. Was sie jedoch überraschte und erschreckte war das Wildschwein, das plötzlich aus einer Hecke hervorbrach, wo es sich versteckt gehalten hatte. Sie hätte vielleicht geschrien und um Hilfe gerufen, wenn Delphine und Marinette sie nicht sogleich beruhigt hätten.

«Sie müssen keine Angst haben, Fräulein. Wir kennen es. Es ist ein sehr artiges Wildschwein.»

«Verzeihen Sie», sagte das Wildschwein und kam näher. «Ich möchte Sie nicht stören, aber ich habe so viel Gutes von Ihrer Schule und Ihrem Unterricht gehört, daß ich Lust bekam, einer Schulstunde beizuwohnen. Ich bin sicher, daß ich dabei viel gewinnen kann.»

Die Lehrerin fühlte sich geschmeichelt, doch zögerte sie, ein Wildschwein ins Schulzimmer zu lassen. Die andern Tiere waren herbeigekommen und baten um dieselbe Gunst.

«Wohlverstanden», fügte das Wildschwein hinzu, «meine Gefährten und ich, wir verpflichten uns, artig zu sein und den Unterricht nicht zu stören.»

«Nun ja», sagte die Lehrerin, «schließlich sehe ich nichts Unschickliches dabei, wenn ihr in die Schule kommt. Stellt euch in die Reihe.»

Die Tiere stellten sich hinter die Mädchen, die in Zweierreihen vor dem Schulhaustor standen. Das Wildschwein stand neben dem Schwein, das kleine weiße Huhn neben dem Pferd und der Hund am Schluß der Reihe. Die Lehrerin klatschte in die Hände, und die neuen Schüler betraten lautlos und ohne zu drängen die Schule. Der Hund, das Wildschwein und das Schwein setzten sich zwischen die Mädchen, das kleine weiße Huhn nahm auf der Rückenlehne einer Bank Platz, und das Pferd blieb hinten im Zimmer stehen, weil es zu groß war, sich in eine Bank zu setzen.

Die Lehrerin begann mit einer Schreibübung, dann folgte eine Geschichtsstunde. Die Lehrerin sprach vom König Ludwig dem Elften, einem sehr grausamen König. Er hatte nämlich die Gewohnheit, seine Feinde in Eisenkäfige zu sperren. «Zum Glück», sagte sie, «haben sich die Zeiten geändert. In unserem Zeitalter käme so etwas nicht mehr in Frage, daß man jemanden in einen Käfig sperrt.» Kaum hatte die Lehrerin das gesagt, da reckte sich das kleine weiße Huhn und verlangte das Wort.

«Man sieht wohl», sagte es, «Sie sind nicht auf dem laufenden über das, was im Lande geschieht. Die Wahrheit ist, daß sich nichts geändert hat. Ich sage

Ihnen, ich habe viele unglückliche Hühner gesehen, die in Käfige eingesperrt sind.»

«Das ist unglaublich!» rief das Wildschwein.

Die Lehrerin war ganz rot geworden. Sie dachte an die beiden Masthühner, die sie in einem Käfig gefangen hielt. Sie nahm sich vor, sie gleich nach der Schule wieder in Freiheit zu setzen.

«Wenn ich König wäre», erklärte das Schwein, «würde ich die Eltern in einen Käfig sperren.»

«Sie werden nie König», sagte das Wildschwein. «Sie sind zu häßlich.»

«Ich kenne Leute, die anderer Meinung sind», entgegnete das Schwein. «Erst gestern abend noch schauten die Eltern mich an und meinten: ‹Das Schwein wird immer schöner, wir werden uns seiner bald annehmen müssen.› Die Kleinen waren dabei, als sie das sagten. Nicht wahr, Kinder?»

Delphine und Marinette waren verwirrt und mußten zugeben, daß die Eltern dies gesagt hatten. Das Schwein triumphierte.

«Deswegen sind Sie nicht minder das häßlichste Tier, das ich je gesehen habe», sagte das Wildschwein.

«Sie haben sich anscheinend selbst noch nie angeschaut. Ihr Gesicht ist abscheulich mit diesen zwei großen Zähnen, die Ihnen aus dem Maul hängen.»

«Wie? Sie wagen es, so von meinem Gesicht zu reden? Warten Sie nur, Sie Flegel, ich will Sie lehren, ehrenwerte Leute auszulachen.»

Das Schwein sah, wie das Wildschwein aus der Bank sprang, und floh, indem es gellend quiekte. Vor lauter Angst überrannte es die Lehrerin und hätte sie beinahe zu Boden geworfen. «Zu Hilfe!» schrie es. «Man will mich umbringen.» Und es rannte zwischen den Bänken durch, warf Bücher, Hefte, Federhalter und Tintenfässer durcheinander. Das Wildschwein trieb es immer mehr in die Enge und vermehrte noch das Durcheinander und grunzte, es werde ihm den Bauch aufschlitzen. Als es unter dem Stuhl, auf dem die Lehrerin saß, durchging, hob es ihn samt der Lehrerin vom Boden und trug ihn eine Strecke weit. Sie flog übrigens nicht weit, und bei dieser Gelegenheit

versuchten Delphine und Marinette, das Wildschwein zu besänftigen, und erinnerten es an sein Versprechen, den Unterricht nicht zu stören. Mit Hilfe des Hundes und des Pferdes konnten sie es schließlich zur Vernunft bringen.
«Verzeihen Sie», sagte das Wildschwein zur Lehrerin. «Ich war ein bißchen heftig, aber dieses Schwein ist so häßlich, daß man unmöglich mit ihm nachsichtig sein kann.»
«Ich sollte euch beide vor die Türe stellen, aber für diesmal lasse ich es dabei bewenden und gebe euch eine Null im Betragen.»
Und die Lehrerin schrieb an die Wandtafel: «Wildschwein: Betragen Note Null. Schwein: Betragen Note Null.»
Das Wildschwein und das Schwein ärgerten sich sehr. Sie baten die Lehrerin umsonst, sie möge die Nullen auswischen. Sie wollte nichts hören.
«Einem jeden, was es verdient. Das kleine weiße Huhn bekommt eine Zehn. Der Hund bekommt eine Zehn. Das Pferd bekommt eine Zehn. Und nun kommen wir zum Rechnen. Wir wollen sehen, wie ihr mit der Aufgabe vom Gemeindewald zurechtgekommen seid. Wer von euch hat sie gelöst?»
Delphine und Marinette streckten als einzige die Hand auf. Die Lehrerin warf einen Blick auf ihre Hefte und verzog das Gesicht; das beunruhigte die beiden ein wenig. Sie schien an der Richtigkeit ihrer Lösung zu zweifeln.
Sie trat an die Wandtafel und sagte: «Wir wollen einmal sehen. Wiederholen wir die Aufgabe: ‹Der Gemeindewald hat eine Fläche von sechzehn Hektaren …›»

Sie erklärte den Schülern, wie man überlegen müsse, schrieb die Rechnung an die Tafel und sagte: «Der Gemeindewald umfaßt also viertausendachthundert Eichen, dreitausendzweihundert Buchen und sechzehnhundert Birken. Folglich haben Delphine und Marinette falsch gerechnet. Sie bekommen eine schlechte Note.»
«Erlauben Sie», sagte das kleine weiße Huhn. «Es tut mir leid, aber Sie täuschen sich. Der Gemeindewald umfaßt dreitausendneunhundertachtzehn Ei-

chen, tausendzweihundertvierzehn Buchen und tausenddreihundertzwei Birken. Das ist es, was die Kinder herausgefunden haben.»

«Das ist Unsinn», versetzte die Lehrerin. «Es können nicht mehr Birken als Buchen sein. Überlegen wir noch einmal ...»

«Es gibt nichts zu überlegen. Der Gemeindewald enthält tausenddreihundertzwei Birken. Wir haben gestern den ganzen Nachmittag mit Zählen zugebracht. Stimmt es, ihr andern?»

«Es stimmt», sagten der Hund, das Pferd und das Schwein.

«Auch ich war dabei», sagte das Wildschwein.

«Die Bäume wurden zweimal gezählt.»

Die Lehrerin versuchte den Tieren verständlich zu machen, daß der Gemeindewald, von dem in der Aufgabe die Rede war, nichts mit dem richtigen Gemeindewald zu tun hätte. Aber da wurde das kleine weiße Huhn wütend, und auch seine Gefährten waren verärgert. «Wenn man sich nicht auf den Wortlaut verlassen kann», sagten sie, «so ist die Aufgabe sinnlos.» Die Lehrerin erklärte, sie seien Dummköpfe. Rot vor Zorn schickte sie sich an, den beiden Kleinen eine schlechte Note zu geben, als ein Schulrat eintrat. Zuerst war er erstaunt, hier ein Pferd, einen Hund, ein Huhn, ein Schwein und vor allem ein Wildschwein anzutreffen.

«Nun, lassen wir das», sagte er. «Wovon wird gerade gesprochen?»

«Herr Schulrat», erklärte das kleine weiße Huhn, «die Lehrerin hat gestern den Schülern eine Aufgabe gestellt, die so lautet: ‹Der Gemeindewald hat eine Fläche von sechzehn Hektaren ...›»

Als der Schulrat alles wußte, gab er sogleich dem kleinen weißen Huhn recht. Als erstes nötigte er die Lehrerin, in die Hefte der Kleinen eine gute Note zu schreiben und die schlechten Betragensnoten des Schweins und des Wildschweins auszuwischen. «Der Gemeindewald ist der Gemeindewald», sagte er. «Daran gibt es nichts zu rütteln.» Er war so erfreut über die Tiere, daß er jedem eine gute Note geben ließ, vor allem dem kleinen weißen Huhn, das richtig überlegt hatte.

Delphine und Marinette gingen leichten Herzens nach Hause. Als die Eltern sahen, daß sie so gute Noten hatten, waren sie glücklich und stolz (sie glaubten auch, die guten Noten des Hundes, des Pferdes, des kleinen weißen Huhnes und des Schweines seien ebenfalls den Kleinen erteilt worden). Zur Belohnung kauften sie ihnen neue Federhalter.

Roald Dahl

Das riesengroße Krokodil

Im größten Fluß von ganz Afrika aalten sich zwei Krokodile, und nur ihre Köpfe ragten aus dem braunen, schlammigen Wasser heraus. Das eine war ein riesengroßes Krokodil. Das andere war nicht so groß.

«Weißt du, was ich heute gern zum Mittagessen verspeisen würde?» fragte das riesengroße Krokodil.

«Nein», antwortete das nicht so große Krokodil. «Was denn?»

Das riesengroße Krokodil grinste und zeigte seine hundert scharfen weißen Zähne. «Heute mittag», sagte es, «hätte ich Appetit auf einen schönen, saftigen kleinen Jungen.»

«Pfui!» sagte das nicht so große Krokodil. «Ich fresse keine Kinder. Nie! Ich fresse nur Fische.»

«Ho! Ho! Ho!» brüllte das riesengroße Krokodil. «Ich mache jede Wette: Wenn du jetzt einen schönen, saftigen kleinen Jungen hier im Wasser planschen sähest, dann würdest du ihn mit einem einzigen Haps verschlingen!»

«Nein, das würde ich nicht», widersprach das nicht so große Krokodil. «Kinder sind mir nämlich viel zu zäh und sehnig. Zäh und sehnig und eklig und bitter. Iiigittt!»

«Zäh und sehnig!» brüllte das riesengroße Krokodil. *«Eklig und bitter!* Daß ich nicht lache! So ein Quatsch! Saftig sind sie und lecker! Mmmmm!»

«Mir sind sie zu bitter», erwiderte das nicht so große. «Man muß sie mit Zucker und Zimt bestreuen, sonst kann man sie überhaupt nicht essen.»

«Und außerdem sind Kinder viel größer als Fische!» sagte das riesengroße Krokodil dickköpfig. «Da hat man einen richtigen, schönen großen Happen im Mund.»

«Du bist ein Freßsack!» sagte das nicht so große Krokodil. «Du bist das verfressenste Krokodil von ganz Afrika.»

«Ich bin das tapferste Krokodil von ganz Afrika», sagte das riesengroße Krokodil. «Ich bin das einzige Krokodil, das sich traut, durch den Dschungel bis in die große Stadt zu gehen und sich dort einen kleinen Jungen zum Mittagessen zu holen!»

«Das hast du schon einmal versucht», schnaubte das nicht so große Krokodil. «Und was ist passiert? Alle Kinder haben dich kommen sehen und sind weggerannt. Ha! Ha!»

«Jaaa, aber wenn ich heute komme, werden sie mich nicht sehen!» sagte das riesengroße Krokodil.

«Natürlich sehen sie dich!» rief das nicht so große Krokodil. «Du bist so riesengroß und fett und häßlich, daß sie dich schon von weitem sehen!»

Das riesengroße Krokodil grinste wieder, und seine schrecklichen scharfen Zähne blitzten wie Messerklingen in der Sonne. «Kein Mensch wird mich sehen», sagte es. «Diesmal habe ich mir nämlich etwas ganz Geheimes und Gescheites ausgedacht.»

«Was Gescheites?» fragte das nicht so große Krokodil. «Du hast doch dein ganzes Leben lang noch keinen gescheiten Gedanken gehabt! Du bist das allerdümmste Krokodil von ganz Afrika!»

«Ich bin das allerklügste Krokodil von ganz Afrika!» trumpfte das riesengroße Krokodil auf. «Und heute mittag werde ich einen schönen, saftigen kleinen Jungen verspeisen, während du hier mit knurrendem Magen im Schlamm liegst. Leb wohl!»

Und damit schwamm das riesengroße Krokodil ans Ufer und krabbelte aus dem Wasser.

Ein gewaltiges Monster stand in dem matschigen, glitschigen Schlamm am Ufer. Es war Dickwanst, das Nilpferd.

«Hallo, hallo!» brummte Dickwanst. «Wo willst du denn hin um diese Tageszeit?»

«Ich habe etwas ganz Geheimes und Gescheites vor», antwortete das riesengroße Krokodil. «Ach du liebe Güte!» stöhnte Dickwanst. «Ich mache jede Wette, daß du etwas Gemeines vorhast.»

Das riesengroße Krokodil grinste, zeigte seine hundert weißen Zähne und summte vor sich hin:

«Ich werd' jetzt meinen leeren Magen füllen,
Mit leck'rem Fraße meinen Hunger stillen!»

«Was ist denn so lecker?» fragte Dickwanst.

«Rat mal», sagte das riesengroße Krokodil. «Es hat nur zwei Beine zum Laufen …»

«Du willst doch nicht …», ächzte Dickwanst. «Du willst doch wohl nicht im Ernst ein kleines Kind fressen?»

«Na klar», antwortete das riesengroße Krokodil. «Und ob!»

«Oh, du gemeines, gefräßiges, gieriges, greuliches Ungeheuer!» grunzte Dickwanst. «Ich hoffe nur, du wirst erwischt und gekocht und als Krokodilsuppe verspeist!»

Aber das riesengroße Krokodil lachte nur und watschelte davon, in den dunklen Dschungel.

Tief im Dschungel traf es Rüssel, den Elefanten. Rüssel holte sich gerade ein paar Blätter von einem hohen Baum und stopfte sie sich ins Maul. Vor lauter Eifer bemerkte er das riesengroße Krokodil zuerst gar nicht. Da biß ihn das riesengroße Krokodil ins Bein.

«Autsch!» trompetete Rüssel mit seiner tiefen Donnerstimme. «Wer war das? Ach, du bist es, du gemeines, biestiges Krokodil! Geh gefälligst in deinen großen braunen, schlammigen Fluß zurück, wo du hingehörst!»

«Ich habe etwas vor, etwas ganz Geheimes und Gescheites», sagte das riesengroße Krokodil.

«Etwas ganz *Gemeines,* willst du wohl sagen», erwiderte Rüssel. «Ich habe noch nie gehört, daß du etwas Gutes getan hast.»

Das riesengroße Krokodil grinste zu Rüssel hinauf und zischte:

«Ich werd' mir in der Stadt ein Festmahl machen,
Sei still, dann hörst du, wie die Knochen krachen!»

«Oh, du böses, barbarisches Biest!» rief Rüssel. «Oh, du häßliches und heimtückisches Höllenungeheuer. Ich hoffe nur, du wirst geschnappt und gequetscht und geschmort und als Krokodilmus verspeist!»
Aber das riesengroße Krokodil lachte nur, watschelte davon und entschwand im dichten, dunklen Dschungel.
Nach einer Weile traf es Springinsfeld, den Affen. Springinsfeld hockte in einem Baum und knabberte Nüsse.
«Hallo, Krocki!» rief Springinsfeld. «Wo gehst du hin, was hast du vor?»
«Ich habe etwas ganz Geheimes und Gescheites vor!» antwortete das riesengroße Krokodil.
«Willst du ein paar Nüsse haben?» fragte Springinsfeld.
«Ich weiß etwas, was besser schmeckt als Nüsse», schnaubte das riesengroße Krokodil.
«Ich kann mir nicht vorstellen, daß es etwas Besseres als Nüsse gibt», erwiderte Springinsfeld.
«Ha-ha!» lachte das riesengroße Krokodil und summte vor sich hin:

«Was ich zum Mittagessen speisen werde,
Hat Hände – und zwei Füße auf der Erde!»

Springinsfeld wurde blaß und begann am ganzen Leibe zu zittern. «Du willst doch wohl nicht etwa ein kleines Kind verschlingen?» stammelte er.
«Na klar», antwortete das Krokodil. «Mit Haut und Haar und allen Kleidern. Mit Kleidern schmecken sie sogar noch besser.»
«Oh, du schändliches, schweinisches Krokodil!» schrie Springinsfeld. «Du

schlimme, scheußliche Kreatur! Ich hoffe nur, alle Knöpfe und Gürtel und Schnallen bleiben dir im Halse stecken und du erstickst daran!»

Das riesengroße Krokodil grinste zu Springinsfeld hinauf und fauchte: «Affen fress' ich auch!» Und damit schlug es blitzschnell seine messerscharfen Zähne unten in den Baum, auf dem Springinsfeld hockte, und biß den Stamm *krrrkkk* durch. Der Baum krachte zu Boden, aber Springinsfeld konnte gerade noch im allerletzten Augenblick mit einem mächtigen Satz in den Nachbarbaum springen und schwang sich durch die Zweige davon. Das riesengroße Krokodil watschelte weiter.

Wieder nach einer Weile traf das riesengroße Krokodil den Flatterschnattervogel. Der Flatterschnattervogel baute sich gerade in einem Orangenbaum ein neues Nest.

«Hallo, grüß' dich, riesengroßes Krokodil!» zwitscherte der Flatterschnattervogel. «Was für ein seltener Gast hier bei uns im tiefen Dschungel! Wohin geht's denn?»

«Ahhh», sagte das riesengroße Krokodil. «Ich habe etwas vor, etwas ganz Geheimes und Gescheites.»

«Sooo? Hoffentlich ist es nichts Häßliches», flötete der Flatterschnattervogel. «*Häßliches!*» prustete das Krokodil. «Es ist nichts Häßliches. Es ist etwas Köstliches!» Und das riesengroße Krokodil grinste zu dem Flatterschnattervogel hinauf und trällerte vor sich hin:

> «So saftig, so lecker,
> So knusprig, für Schmecker
> Viel besser als stinkender Fisch!
> Du knackst es und kaust es,
> Du schmatzt es und schmaust es
> Und schlürfst es hinunter, *slisch, ssslisch!*»

«Dann müssen es Beeren sein», sang der Flatterschnattervogel begeistert. «Beeren sind mein allerliebstes Lieblingsessen. Sind es vielleicht Himbeeren?» Da lachte das riesengroße Krokodil so laut, daß seine hundert Zähne wie Münzen in einer Sammelbüchse klapperten. «Krokodile fressen doch keine Beeren!» brüllte es. «Krokodile fressen kleine Kinder. Und manchmal fressen wir auch … Flatterschnattervögel!»

Damit reckte es blitzschnell sein langes Maul in die Höhe und schnappte zu. Aber es erwischte nur ein Maul voll Federn.

Der Flatterschnattervogel kreischte vor Schreck laut auf und flatterte in die Höhe. Er war gerettet! Doch seine wunderschönen langen Schwanzfedern waren zwischen den Zähnen des riesengroßen Krokodils hängengeblieben.

Schließlich kam das riesengroße Krokodil am anderen Ende des dichten, dunklen Dschungels an und watschelte hinaus in den Sonnenschein. Und da konnte es auch die Stadt schon sehen. Es war gar nicht mehr weit.

«Ho-ho!» brummte es vor sich hin. «Ha-ha! Der lange Marsch hat mich noch viel hungriger gemacht, als ich schon war. Nein, *ein* Kind reicht mir heute mittag nicht. Davon werde ich nicht satt. Ich muß mindestens drei saftige kleine Kinder fressen!» Und es watschelte weiter, der Stadt entgegen.

Jetzt kam das riesengroße Krokodil an eine Stelle, wo viele Kokospalmen wuchsen. Es wußte, daß oft Kinder aus der Stadt hierher kamen und nach Kokosnüssen suchten. In die Bäume konnten die Kinder nicht hinaufklettern, sie waren zu hoch, aber es lagen immer ein paar heruntergefallene Kokosnüsse auf der Erde herum. Das riesengroße Krokodil sammelte flink alle Kokosnüsse, die unter den Bäumen lagen. Und es suchte sich auch ein paar abgefallene Palmwedel zusammen.
«Jetzt kommt der geheime und gescheite Trick Nummer eins!» flüsterte es vor sich hin. «Nicht mehr lange, dann habe ich meine Vorspeise zwischen den Zähnen!»

Es ergriff alle Palmwedel und klemmte sie sich zwischen seine Zähne. Es packte mit den Vorderpfoten die Kokosnüsse. Und dann richtete es sich senkrecht auf und hielt sich auf der Spitze seines Schwanzes im Gleichgewicht. Es ordnete die Zweige und die Kokosnüsse so geschickt an, daß es ganz genau so wie eine kleine Kokospalme zwischen den hohen großen Kokospalmen aussah.

Nach einer Weile kamen zwei Kinder gelaufen. Es waren Bruder und Schwester. Der Bub hieß Toto, das Mädchen Mary. Sie suchten überall unter den Bäumen nach Kokosnüssen, aber sie konnten keine finden, weil ja das riesengroße Krokodil sie alle gesammelt hatte.

«Oh, sieh mal!» rief Toto. «Der Baum da drüben ist viel kleiner als die andern! Und er hängt voller Kokosnüsse! Ich glaube, da könnte ich ganz gut hinaufklettern, wenn du mir nur am Anfang ein bißchen hilfst.»

Toto und Mary liefen auf die kleine Kokospalme zu. Sie ahnten nicht, daß es in Wirklichkeit ein Krokodil war.

Das riesengroße Krokodil schielte durch die Palmwedel und beobachtete, wie die beiden immer näher kamen. Es leckte sich die Lippen. Und vor Aufregung und Gier fing es an zu sabbern.

Da ertönte plötzlich ein gewaltiges Getöse. Es war Dickwanst. Er hielt den Kopf gesenkt, tief nach unten geduckt, und stürmte mit unheimlicher Geschwindigkeit durch die Gegend.

«Paß auf, Toto!» brüllte Dickwanst, das Nilpferd. «Paß auf, Mary! Das ist keine Kokospalme! Das ist ein riesengroßes Krokodil, und es will euch fressen!»

Damit donnerte Dickwanst genau auf das riesengroße Krokodil zu, erwischte es mit seinem dicken Schädel und versetzte ihm einen solchen Schubs, daß es wie auf einer Eisbahn über den Wüstensand schlitterte.

«Aua! Aua!» jammerte das riesengroße Krokodil. «Hilfe! Halt! Wo bin ich?»

Toto und Mary liefen, so schnell sie konnten, in die Stadt zurück.

Aber Krokodile sind zähe Biester, und selbst ein Nilpferd kann ihnen nicht viel antun. Und so rappelte sich das riesengroße Krokodil bald wieder auf und watschelte zum Kinderspielplatz.

«Jetzt kommt der geheime und gescheite Trick Nummer zwei!» flüsterte es vor sich hin. «Der wird bestimmt klappen.»

Auf dem Spielplatz war noch niemand. Die Kinder waren alle in der Schule. Das riesengroße Krokodil suchte sich einen großen, dicken Holzklotz und schob ihn mitten auf den Spielplatz. Dann legte es sich quer über den Holzklotz und zog die Pfoten ein, so daß es fast genau so wie eine Wippe aussah.

Als die Schule aus war, kamen die Kinder alle auf den Spielplatz gelaufen.

«Oh, seht mal!» schrien sie. «Wir haben eine neue Wippe!»

Sie stürmten darauf zu und riefen aufgeregt durcheinander.

«Erster! Ich komme als erster dran!»

«Ich setz' mich aufs andere Ende!»

«Ich will als erster!»

«Ich auch! Ich auch!»

Dann sagte ein Mädchen, das etwas älter war als die anderen Kinder: «Was ist denn das für ein komisches, knubbeliges Brett? Ob man auch sicher darauf sitzt? Ob es auch hält?»

«Klar!» schrien alle anderen. «Das ist fest genug! Das ist so fest wie ein Baumstamm.»

Das riesengroße Krokodil klappte das eine Auge einen winzigen Spalt weit auf und beobachtete die Kinder, die sich um die Wippe drängten.

«Gleich», dachte es, «gleich wird sich eins auf meinen Kopf setzen, und dann schleudere ich es *zack* in die Luft und schnappe danach, und dann *schmatz, schmatz, schmatz,* mmmmm!»

In diesem Moment kam etwas Braunes angeflitzt, sprang über den Spielplatz und schwang sich hinauf auf die Schaukelstange.

Es war Springinsfeld, der Affe.

«Lauft weg!» schrie Springinsfeld den Kindern zu. «Lauft alle weg! Weg, weg,

weg! Das ist keine Wippe! Das ist das riesengroße Krokodil, und es will euch fressen!»

Die Kinder kreischten und liefen, so schnell sie konnten, davon.

Springinsfeld hüpfte vergnügt in den Dschungel zurück, und das riesengroße Krokodil stand allein auf dem leeren Spielplatz.

«Dieser verflixte Affe!» fluchte das riesengroße Krokodil und versteckte sich hinter den Büschen. «Ich werde immer hungriger!» murrte es vor sich hin. «Ich muß mindestens vier Kinder fressen! Sonst werde ich nicht richtig satt!»

Langsam watschelte es am Rand der Stadt entlang, paßte aber immer gut auf, daß es von niemandem gesehen wurde.

So kam es zu einem Platz, wo gerade der Jahrmarkt eröffnet werden sollte. Da waren Rutschbahnen und Schiffsschaukeln und Autoscooter und Leute, die Puffmais und Zuckerwatte verkauften. Und da war ein großes Karussell.

Es war ein Karussell mit schönen, bunten Holztieren, auf denen die Kinder reiten konnten: Schimmel und Löwen und Tiger und Meerjungfrauen mit langen Fischschwänzen und schreckliche Drachen, die ihre feuerroten Zungen herausstreckten.

«Jetzt kommt der geheime und gescheite Trick Nummer drei!» flüsterte das riesengroße Krokodil und leckte sich die Lippen.

Als niemand hinsah, kroch es auf das Karussell, zwischen einen hölzernen Löwen und einen furchteinflößenden Drachen. Es setzte sich auf seine Hinterpfoten und hielt ganz still. Es sah genau so wie ein Holzkrokodil auf einem Karussell aus.

Bald darauf kamen die Kinder in Scharen auf den Jahrmarkt. Mehrere rannten sofort auf das Karussell zu und hüpften aufgeregt davor herum.

«Ich will auf dem Drachen sitzen!» rief ein Kind.

«Ich auf dem schönen Schimmel!» rief ein anderes.

«Ich auf dem Löwen!» rief wieder ein anderes.

Und ein kleines Mädchen, das Jessica hieß, sagte: «Ich will auf dem komischen alten Holzkrokodil reiten!»

Das riesengroße Krokodil hielt ganz still, aber es konnte sehen, wie das kleine Mädchen näher kam.

«Die Kleine», dachte es, «schnapp' ich mir mit einem einzigen Haps, und dann *schmatz, schmatz, schmatz,* mmmmm!»

Da war plötzlich ein Rauschen und Schwirren in den Lüften, und dann kam etwas rauschend und schwirrend vom Himmel herab.

Es war der Flatterschnattervogel.

Er flatterte um das Karussell herum und schnatterte: «Hüte dich, Jessica! Hüte dich! Setz dich nicht auf das Krokodil!»

Jessica blieb stehen und sah zu dem Vogel hinauf.

«Das ist kein Krokodil aus Holz!» sang der Flatterschnattervogel. Das ist das riesengroße Krokodil vom Fluß, und es will dich fressen, und die anderen Kinder auch!»

Jessica machte kehrt und rannte davon. Und alle anderen Kinder rannten hinter ihr her. Selbst der Mann, der das Karussell bediente und das Geld kassierte, sprang ab und rannte, so schnell er konnte, davon.

«Dieser verflixte Flatterschnattervogel!» fluchte das Krokodil und versteckte sich hinter den Büschen. «Ich bin ja so hungrig», murrte es vor sich hin. «Ich könnte glatt sechs Kinder fressen … und wäre immer noch nicht richtig satt!»

Gleich draußen vor der Stadt lag eine schöne kleine Wiese, die ringsherum von Büschen und von Bäumen umgeben war. Sie hieß «der Picknickplatz».

Auf der Wiese standen mehrere hölzerne Tische und Bänke, und wer Lust hatte, konnte sich dort hinsetzen und picknicken.

Das riesengroße Krokodil watschelte hinüber zum Picknickplatz. Weit und breit war kein Mensch zu sehen.

«Jetzt kommt der geheime und gescheite Trick Nummer vier!» flüsterte das riesengroße Krokodil vor sich hin.

Es pflückte einen hübschen Blumenstrauß und stellte ihn auf einen der Tische. Es schleppte eine von den beiden Bänken, die an dem Tisch standen, fort und versteckte sie im Gebüsch.

Dann stellte es sich selbst dorthin, wo vorher die Bank gestanden war. Es steckte den Kopf zwischen die Vorderpfoten und legte den Schwanz an seinen Leib, so daß es fast genau so wie die Bank aussah.

Nach einer Weile kamen zwei Jungen und zwei Mädchen und schleppten Körbe voller Sachen zum Essen und Trinken herbei. Ihre Mutter hatte ihnen erlaubt, auf der Wiese ein Picknick zu machen.
«An welchem Tisch wollen wir sitzen?» fragte einer der Buben.
«Ich finde, wir setzen uns an den Tisch mit dem schönen Blumenstrauß», antwortete eines der Mädchen.
Das riesengroße Krokodil verhielt sich mucksmäuschenstill. «Ich werde sie alle miteinander auffressen», sagte es sich. «Gleich werden sie kommen und sich auf meinen Rücken setzen, und ich werde mit dem Kopf herumwirbeln, und dann *schnapp, schmatz, schlürf,* mmmmm!»
Da trompetete plötzlich eine tiefe Stimme aus dem Dschungel: «Zurück, Kinder! Zurück! Zurück!»
Die vier Kinder blieben wie angewurzelt stehen und starrten in die Richtung, aus der die Stimme kam.
Und da preschte auch schon Rüssel, der Elefant, aus dem dichten, dunklen Dschungel hervor, und die Büsche und die Zweige krachten unter seinen stampfenden Tritten.
«Das ist keine Bank, auf die man sich setzen kann!» rief Rüssel. «Das ist das riesengroße Krokodil, und es will euch alle fressen!»
Rüssel trabte zu der Stelle, wo das riesengroße Krokodil als Bank stand, wickelte blitzschnell seinen Rüssel um den Schwanz des Krokodils und hob es hoch in die Luft.
«He! Laß mich los!» brüllte das riesengroße Krokodil, das mit dem Kopf nach unten an dem Elefantenrüssel baumelte. Laß mich los! Laß mich los!»
«Nein!» antwortete Rüssel. «Kommt nicht in Frage! Ich lass' dich nicht los. Wir haben alle genug von deinen geheimen, gemeinen Tricks!»

Und damit wirbelte Rüssel das Krokodil im Kreis herum. Einmal und noch einmal und immer wieder. Zuerst langsam.
Dann schneller ...
Und *schneller* ...
und *schneller* ...
Und *noch schneller* ...
Bald war das riesengroße Krokodil nur noch ein schwirrender Kreis, der sich um Rüssels Kopf drehte und drehte ...
Dann ließ Rüssel den Krokodilschwanz plötzlich los, und das riesengroße Krokodil schoß wie eine große grüne Rakete in den Himmel.
Hoch und höher ...
Schneller und schneller ...
Schneller und *höher* ...
So schnell und so hoch, daß die Erde für das riesengroße Krokodil bald nur noch ein winziges Pünktchen in der Tiefe war.

Es sauste weiter, immer weiter.
Es sauste in den Weltraum.
Es sauste am Mond vorbei.
Es sauste vorbei an Sternen und Planeten.
Und zum Schluß ...

Zum Schluß krachte das riesengroße Krokodil mit Donnergetöse kopfüber in die heiße, heiße Sonne. Und da verbrutzelte es *zisch* wie ein Würstchen!

Ian Fleming

Tschitti-tschitti-bäng-bäng

Herr Pott richtete sich auf, wandte sich an den Garagenbesitzer und sagte: «Ich kaufe den Wagen. Er gefällt uns. Wir werden ihn herrichten, daß er wie neu wird.»

Es stellte sich heraus, daß der Wagen sehr billig war, weil ihn bisher niemand gewollt hatte. Vater Pott bezahlte den verlangten Preis sofort in bar und sagte: «Vielen Dank. Seien Sie doch so freundlich und bringen Sie ihn mir so bald wie möglich zu meiner Werkstatt.»

Der Garagenbesitzer hatte vor Rührung Tränen in den Augen, als er allen die Hand drückte. Nachdem sie in ihr Taxi gestiegen waren, um nach Hause zu fahren, sagte er: «Herr Pott, Sie und Ihre Frau und Ihre Kinder werden den Kauf nie bereuen. Der Wagen wird Ihnen die größte Freude machen. Sie haben ihn vor dem Schrotthaufen bewahrt. Ich würde meinen Hut essen – falls ich einen Hut hätte –, wenn er es Ihnen nicht hundertfach vergilt, was Sie ihm heute Gutes getan haben.»

Er winkte ihnen fröhlich nach, bis sie außer Sicht waren. Auf der Heimfahrt flüsterte Juliane ihrem Bruder zu, der vorn neben dem Fahrer saß: «Julius, hast du die alte Autonummer gesehen, hinten an unserem Wagen?»

«Das ist doch nichts Besonderes», erwiderte Julius verachtungsvoll. «Es war ABRA 123.»

«Richtig, ABRA 123», bestätigte Juliane aufgeregt. «Weißt du nicht, was das heißen könnte, wenn man es richtig ausspricht? Abrakadabra eins, zwei, drei! Ein Zauberspruch!»

«Hm», meinte Julius nachdenklich. «Hm, hm, hm.»

Sie dachten über diesen sonderbaren Zufall nach, bis sie zu Hause waren.

Am nächsten Tag mußten Julius und Juliane in ihr Internat abreisen, und so erlebten sie die Ankunft des neuen Autos nicht. Ein «neues Auto» war es zwar nicht, sondern nur der Rest eines alten, was da von einem kleinen Lastwagen holpernd und rasselnd angeschleppt wurde. Aber Mutter Pott schrieb ihren Zwillingen und schilderte ihnen, wie das Auto sogleich in der Werkstatt verschwunden sei. Der Vater hatte sich nun dort eingeschlossen und tauchte nur zum Essen und zum Schlafen auf.

Drei Monate lang, während der ganzen Sommerschulzeit, arbeitete er geheimnisvoll an dem alten Autowrack, und Mimi schrieb den Zwillingen, es käme viel Rauch aus dem Schornstein. Oft blieben die Fenster die halbe Nacht hell. Rätselhafte Pakete von Maschinenfabriken würden gebracht und verschwänden hinter der verschlossenen Tür der Werkstatt. Mimi schrieb auch, der Vater sei abwechselnd ungeduldig, aufgeregt, betrübt, frohlockend und unglücklich. Er träume schlecht und habe den Appetit verloren; doch im Verlauf der Wochen sei er ruhiger geworden. Im letzten Brief vor den Sommerferien stand, sein Gesicht strahle immer mehr und er reibe sich vergnügt die Hände. All das lasen die Zwillinge in großer Aufregung. Sie konnten sich denken, was es zu bedeuten hatte. Endlich kam der große Tag, an dem sie das Internat verließen, weil die Ferien begonnen hatten. Die ganze Familie versammelte sich vor der Werkstatt, während Vater Pott feierlich die Tür aufschloß. Und da stand unter den hellen Lampen der Paragon Panther mit dem Zwölfzylinder-Kompressormotor.

Die Mutter und die Zwillinge starrten sprachlos darauf, bis Julius rief: «Das ist der schönste Wagen auf der ganzen Welt!»

Mutter Pott und Juliane strahlten vor Freude.

Er war wirklich wunderschön. Alles glitzerte und schimmerte von neuer Farbe und blankem Chrom, bis zum Schallbecher der großen Hupe.

Langsam gingen sie ringsherum und untersuchten jedes Teilchen, die glänzenden Knopfreihen am Instrumentenbrett, die funkelnagelneue rote Polsterung, das elfenbeinfarbene Faltverdeck, die schönen neuen Reifen, die großen Auspuffrohre, die hellgrüne Haube und das blanke Schild mit der Autonummer ABRA 123.

Stumm kletterten sie durch die niedrigen Türen, die sich mit dem leisesten Knacken öffneten und schlossen. Kapitän Pott setzte sich hinter das große Steuer. Mimi ließ sich neben ihm in dem Sitz nieder, der eine eigene Armlehne hatte. Julius und Juliane sanken auf die weichen roten Lederpolster im Rücksitz, wo sie ebenfalls eine Armlehne zwischen sich hatten. Wortlos beugte sich Vater Pott vor und drückte auf den dicken schwarzen Knopf des Anlassers.

Zuerst geschah nichts. Der Anlasser schnurrte nur leise.

Julius und Juliane schauten einander fragend an. Ob das Auto am Ende doch nicht fuhr?

Aber nun zog Kapitän Pott den Silberknopf der Starterklappe heraus, um dem Vergaser etwas mehr Benzin zuzuführen. Er drückte abermals auf den Anlasser. Da gaben die Auspuffrohre vier Laute von sich. Nach jedem Laut entstand eine deutliche Pause, und die Geräusche waren zwei mächtige Nieser und zwei kleine Explosionen. Danach war alles wieder still.

Wieder blickten Julius und Juliane einander an. War etwas nicht in Ordnung?

Vater Pott sagte jedoch nur: «Der Motor ist ein bißchen kalt. Aber jetzt!»

Nochmals drückte er auf den Anlasser. Und diesmal setzten sich die zwei Tschitti-Nieser und die zwei leisen Bäng-Explosionen fort und vermischten sich miteinander zu einem so entzückenden Schnurren, wie es weder die Mutter noch die Zwillinge jemals von einem Motor vernommen hatten. Kapitän Pott schaltete den ersten Gang ein. Langsam rollten sie aus der Werkstatt in den Sonnenschein hinaus und dann weiter über den Weg zur Autobahn. Die Federung war wunderbar weich, und immerzu drang aus den fischschwanzähnlichen Auspuffrohren das wohlklingende Schnurren.

Als sie an die Einfahrt der Autobahn kamen, drückte Vater Pott auf die dicke Gummihupe, die sogleich ein tiefes, höfliches, aber zugleich drohendes Ge-

brüll ausstieß. Weil er den Zwillingen alles vorführen wollte, drückte er auch auf den Knopf in der Mitte des Steuers, worauf die elektrische Hupe einen durchdringenden Warnton hören ließ: «Gie-geeeeh!» Da steuerte er den Wagen auf die Autobahn. Die Probefahrt begann nun erst richtig.
Wahrhaftig, der lange, glänzende grüne Wagen flog beinahe. Kaum hörbar schaltete Kapitän Pott vom ersten in den zweiten Gang, dann in den dritten. Im vierten Gang schoß der große Wagen mit einer Geschwindigkeit von hundertachtzig Stundenkilometern dahin. Sie überholten alle die gewöhnlichen Autos. Man hatte den Eindruck, als stünden die andern still.
«Gie-geeeeh!» warnte die Hupe wieder und wieder. Die Fahrer der kleinen Limousinen blickten in den Rückspiegel. Als sie das glänzende Ungetüm sahen, steuerten sie schnell auf die Seite, um es vorbeizulassen, und riefen erstaunt: «Donnerwetter! Was ist denn das für ein Wagen?»
Im Nu war das grüne Auto an ihnen vorbei. Sie spürten nur noch den starken Luftzug und merkten sich die Nummer ABRA 123. Keinem der Fahrer fiel es auf, wie man diese Nummer aussprechen mußte. Sie dachten nur, es sei eine Nummer, die man sich leicht merken könne.
So gelangte der große grüne Wagen ans Ende der Autobahn, wo Vater Pott ihn sorgsam auf die andere Seite lenkte. Hierauf ging es zurück nach Hause. Julius und Juliane hielten sich aufgeregt an der Armlehne fest, blickten auf das glänzende Instrumentenbrett und sahen zu, wie die Nadel des Geschwindigkeitsmessers wieder auf hundertachtzig stieg. Dort blieb sie, bis sie sich der Ausfahrt näherten. Kapitän Pott schaltete herunter, trat auf die kräftige Bremse, so daß der Wagen nur noch dahinschlich, dann bog er auf den schmalen Holperweg ein, der zu ihrem Haus führte, und schließlich hielten sie unter den hellen Lichtern der Werkstatt. Als der Motor abgestellt wurde, gab das Auto ein letztes «Tschitti-tschitti» von sich und verstummte.
Vater Pott sah seine Familie mit leuchtenden Augen an. «Na, wie findet ihr unser Auto?»
«Großartig!» antwortete die Mutter.

«Toll!» rief Julius.

«Fabelhaft!» sagte Juliane.

Hierauf sprach der Kapitän die geheimnisvollen Worte: Ich muß euch warnen. Dieser Wagen ist etwas wunderlich. Ich habe alles hineingesteckt, was ich weiß und kann, jede Erfindung und Verbesserung, die mir nur einfiel, und eine ganze Menge Geld steckt darin. Aber noch mehr: Der Wagen denkt!»

«Wie meinst du das?» fragten sie im Chor.

«Na ja», begann Vater Pott vorsichtig, «genau kann ich es nicht sagen. Manchmal, wenn ich morgens weiterarbeiten wollte, stellte ich fest, daß sich über Nacht gewisse technische Änderungen ergeben hatten, Neuerungen. Mehr kann ich nicht sagen. Ich bin der Sache noch nicht auf den Grund gekommen. Mir scheint, daß sich dieser Wagen ganz von selbst mancherlei Verbesserungen ausgedacht hat, als ob er uns dankbar wäre, daß wir ihm das Leben gerettet haben. Und noch etwas: Seht ihr die Reihen von Knöpfen, Hebeln und kleinen Lichtern am Instrumentenbrett? Also, offen gestanden, ich konnte noch nicht herausfinden, wozu sie alle dienen. Die üblichen kenne ich – für die Scheinwerfer, für die Scheibenwischer und dergleichen –, aber offenbar sind noch einige Dinge dabei, die man bisher noch nicht kennt. Mit der Zeit werden wir wohl dahinterkommen. Vorläufig muß ich zugeben, daß ich vieles nicht verstehe. Es ist, als ob der Wagen mir sein Geheimnis noch nicht enthüllen wollte.»

«So etwas!» staunte Juliane. «Ein Auto mit Verstand!»

Julius sagte aufgeregt: «Wenn das wahr ist, muß es einen Namen haben. Ich weiß schon, wie wir es nennen wollen. Es hat sich den Namen selbst gegeben.»

«Was meinst du?»

«Welchen Namen hat es sich selbst gegeben?»

«Wann und wieso?» Das riefen alle durcheinander.

Julius antwortete bedächtig: «Es sagte beim Starten ‹tschitti-tschitti›, als ob es nieste, und dann ‹bäng-bäng›! So wollen wir es nennen – diesen Namen hat es selbst gefunden.»

Die andern sahen sich gegenseitig an. Auf einmal lächelten sie zustimmend. Das war das Zeichen für Kapitän Pott. Er streichelte die Nase des grünsilbernen Wagens und sprach laut und feierlich: «Nun hör mit gut zu, mein lieber Zwölfzylinder-Paragon-Panther. Hiermit taufen wir dich …» Da riefen alle im Chor: «Tschitti-tschitti-bäng-bäng!»

Der folgende Tag war ein Samstag im August. Die Sonne schien schon am frühen Morgen sehr heiß. Beim Frühstück verkündete Vater Pott: «Heute wird es heiß werden. Da ist es am besten, wenn wir ein schönes Picknick einpacken, in Tschitti-tschitti-bäng-bäng steigen und ans Meer fahren.»

Davon waren alle begeistert. Sogleich wurde mit den Vorbereitungen begonnen. Vater Pott und die Zwillinge kümmerten sich um Tschitti-tschitti-bäng-bäng, füllten den Benzintank auf, sahen nach, ob der Ölstand stimmte und genügend Wasser im Kühler war, prüften auch den Druck der Reifen, putzten die Windschutzscheibe, an der noch vom Vortage kleine Insekten klebten, und rieben die Chromteile, bis sie wie Silber glänzten. Derweil füllte Mimi einen Korb mit hartgekochten Eiern, Würsten, Butterbroten, Rosinenbrötchen (natürlich mit vielen Rosinen) und Flaschen mit Zitronen- und Orangensaft.

Dann stiegen alle in den Wagen. Nachdem Tschitti-tschitti-bäng-bäng wie üblich zwei Nies- und zwei kleine Explosionsgeräusche von sich gegeben hatte, fuhren sie auf die Autobahn, die geradewegs nach Dover führt. Das ist eine dreißig Kilometer entfernte englische Hafenstadt, von der man täglich mehrmals mit einem Dampfer übers Meer nach Frankreich und nach Holland fahren kann.

Aber ach!

Zweiundzwanzigtausendsechshundertsiebenundfünfzig Familien hatten ebenfalls beschlossen, an diesem schönen Samstag mit dem Auto über die Straße nach Dover ans Meer zu fahren. Jedenfalls stand diese Zahl am nächsten Tag in der Zeitung. Ein endloser Strom vollbesetzter Wagen strebte demselben Ziel zu wie die Familie Pott.

Kapitän Pott steuerte sein großes Auto so kunstgerecht und geschickt wie möglich. Er überholte nur, wenn die Sicherheit es zuließ, schlängelte sich durch den Verkehr und schlug Seitenstraßen und Abkürzungen ein, um die langen Kolonnen zu vermeiden. Trotzdem kamen sie nur langsam vorwärts. Ausgeschlossen, mit einer Geschwindigkeit von hundertachtzig Stundenkilometern zu fahren. Meistens zeigte die Nadel nur armselige dreißig Stundenkilometer an. Alle – der Vater, die Mutter, Julius und Juliane – wurden immer ungeduldiger. Tschitti-tschitti-bäng-bäng dampfte ärgerlich aus seiner Kühlerhaube. Darauf saß ein kleines silbernes Flugzeug, dessen Propeller im Wind rascher oder langsamer kreiselte, je nach Geschwindigkeit der Fahrt.

Auch seine großen Scheinwerferaugen, die seit dem gestrigen Tage immerzu glückselig und begeistert gestrahlt hatten, sprühten vor Zorn und Ungeduld. Die Familie Pott konnte das nicht sehen. Aber die Leute vor ihnen, die Tschitti-tschitti-bäng-bäng bewundernd durchs Hinterfenster ihrer Wagen betrachtet hatten, wurden ängstlich beim Anblick des glänzenden grünen Ungetüms, das aussah, als ob es sie auffressen wollte.

Auf einmal gerieten sie in eine Verkehrsstockung. Da standen sie nun am Ende der langen Autoschlange und konnten nicht weiter. Es sah wirklich so aus, als ob sie nicht mehr beizeiten am Meer ankommen würden, daß sie am Strand noch picknicken konnten; vom Schwimmen ganz zu schweigen.

Zufällig warf Kapitän Pott einen Blick auf die rechte Seite des Instrumentenbretts, und er rief aufgeregt: «Schaut euch das einmal an!» Dabei deutete er auf einen Knopf vor Mimis Augen.

Mimi und die Zwillinge folgten seinem Zeigefinger, und da sahen sie, daß ein kleiner Knopf am Instrumentenbrett hellrot glühte. Mit dem Licht wurde ein Wort sichtbar, und das Wort war ein Befehl: «Ziehen!»

«Du meine Güte», sagte Vater Pott. «Ich habe mir schon den Kopf zerbrochen, wofür dieser Knopf gut sein könnte!»

«Sieh doch!» rief Mimi. «Das Licht ist nun dunkelrot!»

Wahrhaftig! Jetzt war nur noch ein einziges Wort sichtbar. Zuerst trauten sie ihren Augen nicht, aber da stand ganz deutlich: «Dummkopf!» Der zornrote Knopf sagte also: «Ziehen, Dummkopf!»

Vater Pott lachte schallend und sagte: «So eine Frechheit! Da übernimmt Tschitti-tschitti-bäng-bäng das Kommando und nennt mich noch dazu einen Dummkopf! Also gut!» Er beugte sich zur Seite und zog den Knopf heraus.

Julius und Juliane warteten aufgeregt, was sich nun ereignen würde.

Ein leises Summen begann. Es schien überallher aus dem Wagen zu kommen – von der Vorderachse, von der Hinterachse, unter der Haube hervor. Auf einmal fand eine höchst seltsame Verwandlung statt. Die großen vorderen Kotflügel schoben sich hinaus, so daß sie wie richtige Flügel aussahen. Die kleineren hinteren Kotflügel machten es ihnen nach. Ein Glück, daß die Straße breit war; sonst wäre ein Nachbarwagen oder eine Telegraphenstange von den scharfen grünen Flügeln in Stücke geschnitten worden! Mit einem leisen Knacken klinkten die Flügel ein. Gleichzeitig glitt das Kühlerschutzgitter wie eine Schiebetür auseinander, worauf ein Propeller, der mit der Kurbelwelle verbunden war, sichtbar wurde. Dieser rutschte nach vorn, bis er unter der Motorhaube hervorragte.

In diesem Augenblick blitzte ein grünes Licht am Instrumentenbrett auf. Wieder sah man einen Befehl: «Ziehen!» Diesmal gehorchte Kapitän Pott sofort und zog vorsichtig den betreffenden Knopf heraus.

Was war denn das?

Langsam senkten sich die Flügel. Kapitän Pott, der endlich erfaßte, was Tschitti-tschitti-bäng-bäng vorhatte, gab Gas. Da hob der große Wagen, nun ein Flugauto geworden, die glänzende grünsilberne Nase und stieg in die Höhe. Ja, wahrhaftig, er hob sich vom Boden wie ein Flugzeug, flog über das vor ihm stehende Auto weg, haarscharf am Verdeck vorbei, und sauste über die ganze lange Autoschlange. Alle Leute blickten sprachlos aus dem Fenster und starrten ihm nach.

Vater Pott rief: «Haltet euch fest! Um Himmels willen, haltet euch fest!»
Die Mutter und die Zwillinge umklammerten die Armlehnen und saßen vor Staunen regungslos, mit offenem Mund und aufgerissenen Augen. Sie konnten nur noch denken: «Wie wird das weitergehen? Was wird geschehen?»
Unter dem Wagen ertönte ein neues Geräusch, dann ein dumpfes Brummen. Automatisch wurden die vier Räder ins Fahrgestell eingezogen. Auf diese Weise konnte das Flugauto schneller fliegen, weil sich der Luftwiderstand jetzt verringerte.
Vater Pott hielt das Steuer fest in den Händen. Er schmunzelte vor Aufregung und Freude. «Was habe ich euch gesagt?» rief er laut, um den brausenden Wind zu übertönen. «Tschitti-tschitti-bäng-bäng hat seinen eigenen Willen. Er ist ein Zauberwagen. Keine Sorge, er meint es gut mit uns!»
Vorsichtig drehte er am Steuer, um zu sehen, was geschehen würde. Tatsächlich ließ sich das Auto im Flug genau so lenken wie auf dem Boden. Nachdem er ein wenig herumgekurvt hatte, um ein Gefühl für die Steuerung zu bekommen, nahm er geraden Kurs auf den hohen Turm der Kathedrale von Canterbury, dröhnte über die Autoschlange hinweg, während die armen Insassen dort unten in der Hitze schmorten und die Auspuffgase der vor ihnen stehenden Wagen einatmen mußten.
Allmählich gewannen Mimi und die Zwillinge Vertrauen. Sie machten es sich auf ihren Sitzen bequemer. Julianes blondes Haar flatterte im Wind wie eine Fahne, und Julius' dunkler Schopf wurde ganz zerwühlt.
Immer schneller flogen sie über die lange Reihe der wartenden Autos – in sechzig Metern Höhe mit einer Geschwindigkeit von hundertachtzig Stundenkilometern. Weiter ging es über den Fluß, der durch Canterbury zum Meer fließt, über Häuser und über Felder, wo Pferde, Kühe und Schafe erschrocken auseinanderstoben, weil sie noch nie einen solchen dröhnenden grünen fliegenden Drachen gesehen hatten.
Unten auf dem Boden sah man Tschitti-tschitti-bäng-bängs langen Schatten den Tieren nachjagen.

Alles ging gut; unbehelligt flogen sie weiter zur Küste. Hier hielten sie Ausschau nach einer geeigneten Landestelle, wo sie am funkelnd blauen Meer picknicken wollten. Aber überall am Strand wimmelte es von Familien, die denselben Plan gehabt hatten. Tschitti-tschitti-bäng-bängs Insassen wurden immer trauriger, als sie sahen, daß nirgends ein Plätzchen frei war. Im Wasser tummelten sich die Badenden. Auf dem schönen Sand lagen sie in der Sonne. Die Wassertümpel zwischen den Felsen, wo man Krabben fangen und Muscheln sammeln konnte, waren von Ausflüglern bevölkert.

Wie sehnten sich Julius und Juliane danach, im Meer zu schwimmen und den Inhalt des Picknickkorbes auszupacken!

Da geschah etwas Merkwürdiges. Das Steuer drehte sich in Kapitän Potts Händen wirklich von selbst, als hätte Tschitti-tschitti-bäng-bäng ihre Enttäuschung gespürt und das Kommando übernommen. Und schon flogen sie über das Wasser hinaus.

Mimi und die Zwillinge hielten den Atem an. Vater Pott, sehr beunruhigt, versuchte das Steuer umzulegen, um zum festen Land zurückzukehren. Doch da begann das Licht am Instrumentenbrett zu blinken. Diesmal befahl es dem Lenker nicht, zu ziehen, sondern es sagte deutlich: «Drücken!» Vorsichtig drückte Kapitän Pott, und langsam verlor Tschitti-tschitti-bäng-bäng an Höhe und ging hinunter.

«Um Gottes willen!» schrie Mimi. «Wir fallen ja ins Meer! Entsetzlich! Macht euch zum Schwimmen bereit! Die Polster werden uns tragen. Jeder muß sich an einem Sitzpolster festhalten! Dort drüben liegt das Seebad Deal. Man wird uns sehen und ein Rettungsboot herüberschicken. Wenn wir uns über Wasser halten, wird man uns sicher retten!»

«Mach dir keine Sorgen, Mimi», rief Vater Pott gegen den heulenden Wind. «Es wird alles gut gehen. Ich glaube, ich weiß, was Tschitti-tschitti-bäng-bäng vorhat. Sieh doch, wohin er will. Das sind die Goodwin Sands, die zwei großen Sandbänke, die bei Ebbe hervortreten. Und dort ist das berühmte Leuchtschiff South Goodwin. Sein Nebelhorn gehört zu den größten der

Welt, damit warnt es die Dampfer. Seht ihr die Maste der untergegangenen Schiffe überall aus dem Sand ragen?»

«Ob man dort wohl Schätze finden kann?» fragte Julius aufgeregt.

Währenddessen war Tschitti-tschitti-bäng-bäng sachte zu der riesigen Sandfläche hinuntergeglitten. Da Ebbe herrschte, sah man am Rande der Sandbank auch die halb verdeckten Rümpfe der gestrandeten Schiffe.

Die Mannschaft des hellen, rot gestrichenen Leuchtschiffes kam aufs Deck und winkte der Familie Pott freudig zu, als sie niedrig über das Schiff hinwegflog. Das Lichtlein am Instrumentenbrett blinkte von neuem. Kapitän Pott nahm langsam den Fuß vom Gaspedal, worauf die vier Räder automatisch wieder ausfuhren. Kurz danach setzten sie sanft auf der harten, ebenen Oberfläche auf. Das Flugauto rollte noch ein Stückchen auf dem Sand aus. Erst als Kapitän Pott die Bremsen betätigte, kam Tschitti-tschitti-bäng-bäng am Ufer zum Stillstand. Sogleich leuchtete das rote Licht am Instrumentenbrett auf und befahl: «Drücken!» (Diesmal ohne Dummkopf.)

Vater Pott drückte auf den Knopf, und das gleiche leise Summen ertönte, als sich die vorderen und die hinteren Tragflächen allmählich in Kotflügel zurückverwandelten; der Propeller verschwand im Innern der Haube, und das Kühlerschutzgitter schloß sich darüber. Tschitti-tschitti-bäng-bäng nieste und bängte noch zweimal leise, und dann stand auf der großen Sandbank mitten im Meer ein ganz normal aussehendes glänzend grünes Auto.

Alle stießen einen tiefen Seufzer der Zufriedenheit aus und kletterten aus dem Zauberwagen auf den warmen Sand.

J. B. Priestley

Warum ausgerechnet Snoggle?

«James ruft dich, Robin», sagte Peg.
«Hab's gehört. Er will ja nur, daß ich zu ihm in den Hof hinaus komme und irgend etwas bewundere. Kommt nicht in Frage.»
Jetzt war James aber schon viel näher gekommen. «Robin! Robin! SOS. Erster Mai! Erster Mai!»
«Das hat nichts mit Tennis zu tun!» rief Peg und sprang auf. Robin folgte ihr auf den Fersen, und als sie, so schnell sie konnten, hinausstürzten, sahen sie James, atemlos und in Schweiß gebadet.
«Los, beeil dich, Holzkopf! James rang nach Luft. «Da ist ein Ding – du mußt mir helfen. Nein, Peg, du nicht, du bist hier ohnehin nicht zu brauchen, du würdest es nicht einmal anrühren wollen. Geh lieber ins Haus ...»
Robin stürzte vorwärts. «Was für ein Ding denn?» hörte sie ihn noch fragen.
James eilte schon wieder davon und schrie über die Schulter zurück: «Das wirst du gleich sehen. Phantastisch!»
«Ein Raumfahrzeug?» Robin war außer sich vor Aufregung.
«Kann schon sein. Peg, geh und sag's dem Opa!»
Sie raste die Treppe hinauf und sah den Großvater bereits aus dem Fenster schauen. «Ich hab' die Jungen rufen gehört», erklärte er. «Was ist da los?»
Sie lehnten sich aus dem Fenster, von wo aus sie die beiden Jungen deutlich sehen und hören konnten. Sie standen da und beugten sich über ein rundes Ding, das im Sonnenlicht zu glitzern schien.
James sagte: «Ich dachte schon, es krepiert, während ich dich rufen ging. Aber jetzt ist es viel näher beim Haus. Es kann sich also noch ein bißchen bewegen.»

Robin betrachtete es eingehend. «Vielleicht ist es gar kein Lebewesen – vielleicht nur so eine Art Maschine ...»

«Nein, Robin, es lebt. Aber es ist kaum noch lebendig. Als ich es sah, da hat es die Augen gerollt ...»

«Das kann eine Maschine doch auch.»

«Ich sage dir, es ist lebendig. Wir müssen es ins Haus bringen – entweder schieben oder hineintragen.»

Sosehr sich Peg auch bemühte, sie vermochte das Ding nicht richtig zu sehen, da die beiden Jungen sich darüber beugten.

«Jetzt hör endlich auf, mich auszulachen, James», sagte Robin. «Ich behaupte, dieses Geschöpf stammt aus dem Weltraumschiff.»

«Schon möglich, daß es da rausgekommen ist», gab James zu.

«Daß es kein irdisches Lebewesen ist, siehst du doch», rief Robin. «Da, schau, es macht die Augen auf. Riesenaugen hat es, aber jedenfalls Augen. Ich denke, es will, daß wir ihm helfen.»

«Ganz sicher will es das», sagte James. Er wandte sich um und sah zum Fenster hinauf: «Opa! Komm doch und hilf uns!»

«Ich komme schon!» schrie Großvater zurück und rannte in erstaunlichem Tempo die Treppe hinab. Peg folgte ihm langsam. Sie war hin und her gerissen zwischen Neugier und verständlicher Angst. Darum war sie nicht weiter gekommen als bis ins Kinderzimmer, als der Großvater schon draußen bei den Jungen stand.

«Vielleicht kann es noch seine Füße oder Pfoten brauchen, dann müssen wir es nur stützen», sagte der Großvater. «Also los, alle gemeinsam!»

So schoben und zogen sie das Wesen ins Zimmer hinauf. Peg wich unwillkürlich ein Stück zurück. Das Ding schien furchtbar schwer zu sein. Endlich hatten sie es bis in die Mitte des Zimmers geschafft und traten zurück, um es genauer zu betrachten. Das wollte Peg sich nicht entgehen lassen, darum kam sie wieder näher heran und stellte sich halb hinter den Opa. Im ersten Augenblick erschien also das Geschöpf schrecklich, weil es so ganz und gar anders war. Je länger sie aber hinsah, desto weniger furchterregend erschien es ihr.

Es erinnerte sie an Humpty-Dumpty, das Ei aus dem Kinderbuch. Das kam daher, daß Kopf und Körper bei diesem Wesen eins waren. Es hatte die Form eines Eis; nur hatte es unten zwei kurze, stämmige Beinchen mit großen, flachen Pfoten daran. Am Kopfende wuchsen zwei dicke kleine, antennenartige Dinger. Darunter, fast in der Mitte des eiförmigen Körpers, befanden sich die Augen. Gott sei Dank waren es nur zwei. Aber diese Augen waren riesengroß, die größten Augen, die Peg je gesehen hatte, jedes mit einem Durchmesser von ungefähr acht oder zehn Zentimetern. Diese Augen saßen merkwürdig flach im Kopf. Anfangs konnte sie sie fast nicht entdecken, weil sie unter den Lidern verborgen waren; aber wenn die Lider offen waren, leuchteten die Augen dunkelgrün und strahlend.

Das ganze Wesen war ungefähr einen Meter groß. Der Kopf-Körper hatte einen Durchmesser von etwa sechzig Zentimetern. Einen Mund oder so etwas Ähnliches schien es nicht zu haben, auch keine Nase, keine Ohren. Die Haut erinnerte an die einer Schlange oder Eidechse, nur war sie metallisch, veränderte ständig ihre Farbe. Allmählich hatte Peg das Gefühl, daß dieses Wesen überhaupt nichts von einer Maschine an sich hatte. Es war hilflos und gänzlich erschöpft. Da gab sie es auf, sich vorsichtig hinter dem Opa zu verstecken, und trat näher heran.

«Ganz sicher ist das ein lebendiges Wesen von einem anderen Stern», sagte Robin.

James blickte fragend auf Opa. «Was denkst du, Opa?»

«Ich neige zu der Ansicht, daß Robin da ganz recht hat», erklärte Großvater.

«Wo immer es auch herkommt», meinte James, «jedenfalls geht es dem armen Ding ziemlich schlecht. Das habe ich sofort gespürt.» Die merkwürdigen Augenlider des Wesens flatterten ein wenig. Peg wagte sich noch etwas näher heran. Da öffnete es die enormen Augen und sah sie direkt an, dann schloß es sie wieder und sank in sich zusammen.

«Habt ihr das gesehen!» rief Peg. «Es hat mir einen traurigen Blick zugeworfen. Am Ende ist es hungrig. Wir müssen ihm irgend etwas zu essen geben.»

«Das kommt nicht in Frage, Peg», sagte Robin.

«Warum denn nicht? Es sieht hungrig aus.»

«Wenn schon – woher sollen wir denn wissen, wie man es füttert? Und zudem hat es keinen Mund», sagte James.

«Das arme Ding!» rief Peg. «Was können wir nur tun? Opa, ich bin sicher, es fühlt sich elend.»

«Ich weiß, Peg», sagte der Großvater. «Das arme Ding ist furchtbar erschöpft.»

Peg zappelte vor Ungeduld. «Es kann jeden Moment sterben! Und außerdem bin ich dafür, daß wir von jetzt an nicht immerzu *es* sagen, sondern *er*. Opa, denk dir doch schnell was aus!»

«Ich bemühe mich ja, Peg.» Er schwieg und dachte nach. «Nun, also, nehmen wir an, daß er wirklich soeben von einem fremden Stern hier eingetroffen ist, von einem, der ganz anders ist als unser Stern …»

«Stimmt ja auch, Opa, das weißt du doch», rief Robin. «Es ist wirklich so.»

«Ja, nun, wenn ich mich recht erinnere … sind die hier gelandeten Marsmenschen alle daran zugrunde gegangen, daß sie sich an hiesigen Bakterien und Keimen und allem möglichen infizierten.»

Aber davon wollte Robin nichts wissen. «Das ist nicht so rasch gegangen, Opa. Es hat monatelang gedauert; und dieses Wesen ist eben erst gelandet.»

«Richtig. Bakterien können es nicht sein. Aber was sonst? Denken wir nach.»

Sie dachten alle angestrengt nach. Da hatte Peg einen Einfall. «Vielleicht kann der arme Kerl hier nicht richtig atmen?»

«Ich wette, das ist es, Opa, sie hat recht», rief Robin. «Immer, wenn man annimmt, Peg habe von etwas keine Ahnung, dann schießt sie den Vogel ab!»

«Das weiß ich, das weiß ich. Angenommen, unsere Atmosphäre ist nicht ganz das richtige; ganz ungeeignet kann sie auch nicht sein, sonst wäre er ja schon tot.»

«Dann hätte er ja auch eine Art Raumanzug tragen müssen», sagte Robin. Aber wie ist es mit dem Sauerstoff? Vielleicht gibt es nicht genug davon in unserer Atmosphäre.»

«Wir können ihn doch nicht hier im Haus mit Sauerstoff füttern», meinte James. «Da müssen wir ihn ins Krankenhaus bringen.»

«Wartet mal, wartet mal!» schrie Robin, als wären die anderen bereits unterwegs ins Krankenhaus. «Wie, wenn es genau umgekehrt wäre? Wenn wir mehr Sauerstoff in der Luft hätten, als er gewöhnt ist?

«Auch das ist möglich», sagte der Großvater. «Und das können wir selbst ausprobieren.»

Alle drei beeilten sich, überall die Fenster und die beiden Türen zu schließen, und verstopften alle Ritzen mit alten Zeitungen.

«Gleich wird es furchtbar schwül sein», dachte Peg. «Ist etwas zu bemerken?» fragte sie den Großvater.

«Nein», erwiderte er. «Bis jetzt noch nicht.»

Peg war steinunglücklich. «Vielleicht ist es ganz falsch, was wir machen, und wir bringen ihn damit um.»

Robin trat näher. «Wir müssen es versuchen, Peg. Bis jetzt sieht er nicht schlechter aus.»

«Ich finde, er sieht sogar schon etwas besser aus», sagte James.

«Großpapa, zieh mal fest an der Pfeife, damit es noch stickiger wird.»

Großvater zündete seine Pfeife an und paffte eine Menge Rauch ins Zimmer. Nach wenigen Sekunden rief Peg: «Schaut, schaut, schaut doch!» Obwohl sie ohnedies alle hinschauten. Das Wesen hatte sich ganz langsam aufgerichtet, ein Auge aufgemacht und blickte sich langsam um.

«Es geht ihm besser», rief James, als sei er der Arzt, der das zuwege gebracht hatte.

Damit wollte Peg sich aber nicht zufriedengeben. «Viel besser, wenn du mich fragst. Und hat er nicht wunderbare Augen?» Nun wagte sie es, das Wesen selbst anzusprechen. «Du hast eine sehr sonderbare Gestalt, aber Augen hast du – wunderbar, einfach prima!» Kaum hatte sie das gesagt, schloß er seine Augen wieder. «Oh, so geht es also doch nicht. Opa, Robin – was meint ihr, was sollen wir tun?»

Der Großvater hörte auf zu paffen. «Wenn er sich überhaupt erholen soll, dann müssen wir stärkere Mittel anwenden. Wir könnten ihn da in den Schrank stecken.» Aber da schüttelten alle drei die Köpfe. «Nein? Warum nicht?»

«Er ist vollgestopft mit allem, was wir wegwerfen sollten», rief James.

«Es dauert höchstens eine Viertelstunde, bis wir ihn ausgeräumt haben», bemerkte Robin.

«So lange können wir nicht warten», sagte Peg. «Opa, denk dir etwas anderes aus.»

Opa nahm die Pfeife aus dem Mund und betrachtete sie stirnrunzelnd. Dann sagte er langsam: «Wir müssen ihn mit etwas zudecken, zumindest vorläufig!»

«Ich weiß, was wir brauchen! sagte Robin und eilte an die Tür.

Peg zeigte sich nicht sehr beeindruckt von seinem überstürzten Getue. «Robin ist nur so wild drauf, weil er glaubt, daß das etwas mit einem Weltraumfahrzeug zu tun hat. Wäre das arme Ding da nur aus dem Zoo durchgebrannt, wäre es ihm ganz egal.»

«Dann würde er ruhig weiterlesen», pflichtete James ihr bei. «Doch kann ich nicht glauben, daß so ein Wesen aus einem Zoo durchgebrannt sein soll.»

Jetzt schoß Robin wieder herein. Er schleppte einen alten Teppich und das alte Teleskop mit. «Der Teppich da wird genügen. Er ist nicht zu schwer. Aber zuerst müssen wir ihn ein bißchen weiter nach hinten schleppen, denke ich. Opa, James ...»

Zu dritt schleppten und zerrten sie das Wesen in den Winkel zwischen Schrank und Fenster. Peg konnte sich noch immer nicht entschließen, ihn anzufassen. «Tut ihm nicht weh, bitte!»

«Alles in Ordnung», sagte James. «Dem schadet das gar nicht.»

Sie deckten ihn mit dem Teppich gut zu, so daß der Rand auf allen Seiten etwa drei Zentimeter über dem Fußboden hing.

«Dort kann ihm nichts passieren», sagte der Großvater. «Aber wir müssen natürlich ein Auge auf ihn haben.»

«Ja, das kannst du mit Peg tun, denke ich, Opa, und James und ich gehen hinaus, auskundschaften. Es könnten sich ja noch ein oder zwei andere solcher Wesen draußen herumtreiben. Deshalb hab' ich das Teleskop mitgenommen.»

«Wenn du da durchschaust, kannst du überhaupt nichts sehen», stellte Peg fest. «Ich jedenfalls hab' damit nie etwas sehen können.»

«Ich kann besser damit umgehen als du», sagte Robin.

«Außerdem haben wir nichts Besseres. Die Feldstecher sind weg, mit den Eltern. Kommst du jetzt, James?»

«Ja, aber das Teleskop kannst du dir auf den Hut stecken.»

«Also, Burschen», sagte Opa, «los, macht mal! Aber nicht zu weit, und bleibt nicht zu lange aus. Wir haben jetzt die Verantwortung für unseren armen Humpty-Dumpty dort. Und geht lieber hinten hinaus, sonst müssen wir Fenster und Türen nochmals abdichten. Ja, und noch etwas, Jungen, nehmt euch in acht, nicht nur vor den Wesen aus dem Weltraum, sondern auch vor irdischen Wesen. Mrs. Bing-Bang könnte dort draußen herumirren.»

«Okay!» rief James.

«Los und raus», sagte Robin.

Kaum waren die beiden draußen, als Peg nach einigem Nachdenken sagte: «Nein, Humpty-Dumpty nicht. Das paßt nicht.»

«Was? Oh, du meinst das Ding dort unterm Teppich? Das war ja nur so ein Name. Ich wollte ihn gar nicht taufen.»

«Aber er muß doch einen Namen haben.»

«Sicher, das wäre bequemer.»

«Vielleicht hört er auf den Namen, wenn wir ihm einen geben.»

«Das glaube ich nicht, Peg. Aber denk dir trotzdem einen Namen aus.»

So einfach war das nicht. Sie brauchte fast eine Minute dazu, dann lächelte sie den Großvater an und sagte: «Snoggle.»

Der Großvater nickte. Ich habe verstanden. Warum ausgerechnet Snoggle?»

«Weil er aussieht wie ein Snoggle.»

Peg näherte sich Snoggle, der unter seiner Decke lag, beugte sich nieder und lauschte angestrengt, doch ohne den Teppich aufzuheben. «Hoffentlich geht es ihm gut, Opa. Ich höre ihn nicht atmen.»

«So? Ich hab' ihn vorhin auch nicht atmen gehört.» Der Großvater hob den Finger. «Du bildest dir allmählich ein, es handle sich um eine Art Hündchen, das aussieht wie ein Ei. Das ist er aber eben nicht. Er ist etwas ganz anderes.»

Peg kehrte zu ihrem Stuhl zurück. «Aber du siehst doch bald nach, was er macht, Opa?»

«Ja, nur wollen wir ihn noch ein paar Minuten in Ruhe lassen.»

Peg grübelte ein paar Minuten nach, dann sagte sie: «Wenn Snoggle aber etwas ganz und gar anderes ist, woher kommt er dann, und wie ist er hierher geraten?»

«Ich habe nicht einmal den Schimmer von einer Ahnung.»

«Du glaubst aber nicht an Robins Weltraumfahrzeug?»

«Nein», antwortete er. «Weil es unwahrscheinlich ist. Es hat aber so ausgesehen und so geklungen, als wäre etwas von oben heruntergekommen. Ich bin aber nicht wie Robin. Der hat ja nur darauf gewartet, daß ein Weltraumschiff kommt.»

«Ich auch. Aber schau jetzt nach, was Snoggle macht, Opa.»

Opa ließ sich auf die Knie nieder und hob den Teppich vorn so weit hoch, daß er Snoggle sehen konnte.

«He! Ruhig!» Das klang erschrocken. Darüber erschrak Peg nun ebenfalls, aber ehe sie etwas herausbrachte, sprach der Opa bereits in verändertem Ton weiter. «Schon gut, Snoggle. Ich sehe schon, daß du's nicht bös gemeint hast. Das hat nur zu bedeuten, daß es dir schon viel besser geht. Na, dann werden wir dich bald unter dem Teppich da hervorholen.» Er ließ den Teppichzipfel fallen, kam stöhnend wieder auf die Beine und wandte sich lächelnd nach Peg um.

«Geht es ihm wirklich schon besser?»

«Es scheint so», sagte der Großvater. «Er hat die Augen offen, und er wirkt geradezu lebhaft – für einen Snoggle.»

«Warum hast du dann vorhin fast geschrien? Ich hab' schon Angst gehabt, daß er dich gebissen hat.»

«Vergiß nie, daß es sich um einen Snoggle handelt und nicht um einen Hund. Womit sollte er denn zubeißen? Er hat nur seine Pfote oder seinen Fuß auf meine Hand gelegt. Das hat mich erschreckt, weil es sich so merkwürdig anfühlte. So kalt und so gar nicht wie Haut, auch nicht wie Metall – eher wie etwas dazwischen …»

Peg machte ein langes Gesicht. «Ich fände es gemein, wenn Snoggle nichts weiter wäre als ein Apparat …»

«Das glaub' ich nicht. Es war sicher kein Zufall, daß er die Pfote auf meine Hand gelegt hat. Ich meine, das sollte eine freundliche Geste sein – wirklich, Peg.»

Da tat Peg vor Aufregung einen Sprung: «Schau doch – schau!»

Snoggle hatte es fertiggebracht, sich der Decke zu entledigen. Er tauchte auf, mit weit offenen Augen. In der Aufregung und Begeisterung sagte Peg ihm gleich, das sei ja wunderbar, und er sei ihr gescheiter Snoggle, dem es schon viel besser gehe. Dennoch, da sie ihn nun leibhaftig wiedersah, überkam sie das Gefühl, daß er weiß Gott ein höchst merkwürdiges Geschöpf sei. Sie fragte sich sogar – und das war äußerst betrüblich –, ob er am Ende eine Art mechanisches Spielzeug sei. Sie wollte das eben aussprechen, als sie von Snoggle selbst daran gehindert wurde, denn seine Augen, die zuvor nichts Bestimmtes betrachtet hatten, wanderten mehrmals zwischen ihr und dem Großvater hin und her.

«Siehst du, Opa?» rief sie mit einem neuen Begeisterungsausbruch. «Er will uns sagen, daß es ihm wieder gut geht!»

Ephraim Kishon

Der Hund, der Knöpfe fraß

An einem frostigen Morgen entdeckte ich in meinem damals noch sehr gepflegten Garten ein kleines Hündchen. Es war etwa fünf Uhr früh, eine Zeit, zu der die meisten Menschen noch schlafen. Draußen vor dem Fenster hörte ich ein leises, verzweifeltes Winseln.
Ich zog die Vorhänge beiseite und blinzelte hinaus. In der Mitte meines Gartens saß ein sehr kleiner Hund, der mit seinen sehr kleinen Pfoten ein Loch in den Rasen buddelte und das Gras abfraß. Das Hündchen war nicht nur sehr klein und sehr weiß, auch seine Rasse war sehr unbestimmbar.
Ich zog die Vorhänge wieder zu und wollte mich ins warme Bett zurückziehen. Da aber wachte die beste Ehefrau von allen auf und fragte: «Was ist los?»
«Ein junger Hund», antwortete ich mißmutig.
«Lebt er?»
«Ja.»
«Dann laß ihn herein.»
Ich öffnete die Terrassentür. Das junge Hündchen trottete in unser Schlafzimmer und pinkelte auf den roten Teppich.
Ich mag es nicht, wenn jemand auf den Teppich pinkelt. Deshalb packte ich den kleinen Hund und setzte ihn unsanft in den Garten. Meine stille Hoffnung war, daß sich irgend jemand anderer um ihn kümmern würde.
Doch ich hatte mich getäuscht. Es kam niemand. Vielmehr fing das Hündchen an, durchdringend zu jaulen und zu jammern. Aus dem Nachbarhaus eilte Frau Kaminski herbei.
Sie trug noch den Morgenrock, und was sie sagte, war nicht besonders freundlich. Das änderte sich jedoch schlagartig, als ihr Blick auf die Ursache des

Lärms fiel. Nun versuchte sie uns mit vielen Worten davon zu überzeugen, daß wir uns um den armen kleinen Hund kümmern müßten. Sie wies darauf hin, daß der Hund ein treues Tier sei; ja, er sei nicht nur treu, sondern auch besonders klug und reinlich.

«Der Hund ist der beste Freund des Menschen», erklärte sie.

«Wenn das so ist, Frau Kaminski», sagte ich, «warum nehmen Sie den kleinen Hund nicht zu sich?»

«Ich bin nicht verrückt», antwortete sie, «ich habe schon genug Sorgen.»

So kam es, daß das sehr kleine, sehr junge Hündchen bei uns blieb. Wir beriefen sofort den Familienrat ein und beschlossen, ihn Mischko zu taufen. Mischko fühlte sich bei uns bald zu Hause. Alle hatten ihn gern. Er war leicht zu verköstigen, weil er alles fraß, was in seine Reichweite kam. Vor allem aber fraß er Knöpfe und immer wieder Knöpfe. Auch liebte er es, kleine tote Mäuse aus dem Nachbargarten in unseren zu tragen. Er war sehr anhänglich und wedelte jedesmal mit seinem kurzen Schwänzchen vor Freude, wenn wir ihn riefen. Das allerdings nur, wenn wir ein Stück Salami in der Hand hielten. Auch hatte ich ihm in kurzer Zeit beigebracht, meinen Befehlen zu gehorchen. Dafür einige Beispiele:

«Sitz!» Mischko spitzt die Ohren und leckt mir das Gesicht.

«Spring!» Mischko kratzt sich am Bauch.

«Gib Pfötchen!» Mischko starrt mich an und rührt sich nicht.

Ich könnte noch eine Reihe weiterer Beispiele anführen, aus denen hervorgeht, daß Mischko kein blödsinnig dressierter Hund war, sondern daß er einen starken eigenen Willen besaß. Es war nur schade, daß er immer auf den roten Teppich pinkelte.

Er pinkelte ausschließlich auf den roten Teppich. Warum? Ich weiß es nicht. Vielleicht ist er in einem Mohnfeld auf die Welt gekommen und muß deshalb immer pinkeln, sobald er einen roten Teppich sieht.

Ich wollte mich mit Mischkos Pinkelgewohnheiten nicht abfinden und begann ein wohldurchdachtes Erziehungsprogramm: «Es ist verboten, auf den

Teppich zu pinkeln», sagte ich langsam und deutlich zu ihm mit erhobenem Zeigefinger. «Verboten, hörst du? Pfui!»

Jedesmal, wenn Mischko wieder auf den Teppich pinkelte, wurde meine Stimme strenger. Hatte er aber sein Geschäft einmal irrtümlich im Ziergarten gemacht, überschüttete ich ihn mit Lob, Liebkosungen und Leckerbissen. Wahrscheinlich zog Mischko aus meinem Verhalten den Schluß, daß diese zweibeinigen, bald wütenden, bald zärtlichen Geschöpfe sehr launisch waren. Wer kennt sich schon mit Erwachsenen aus? Da Mischko auf meine Erziehungsversuche überhaupt nicht reagierte, mußte ich mir etwas anderes einfallen lassen. Als erstes wollte ich ihn daran gewöhnen, nicht auf rote Teppiche zu pinkeln, sondern auf andersfarbige. Dann wollte ich ihn aus dem Haus locken, damit er sein Geschäft im Freien verrichtete; am liebsten im Nachbargarten.

Mit diesem Ziel vor Augen legte ich über unseren roten Teppich einen grauen. Als Belohnung setzte ich eine Bratwurst als Prämie aus.

Nach etwa zwei Wochen hatte sich Mischko an den grauen Teppich gewöhnt, ich konnte ihn wieder wegnehmen. Mischko, der gerade im Garten war, kam freudig bellend herbeigesaust und pinkelte auf den roten Teppich. Hunde sind bekanntlich sehr treu. Aber mein Vorrat an Erziehungsmaßnahmen war noch immer nicht erschöpft. Ich beschloß nun, seine Liebe zur Natur zu wecken. Ich kaufte eine lange grüne Leine, um jede Nacht mit ihm im nahegelegenen Park spazieren zu gehen. Mischko hielt sich während der langen Spaziergänge zurück. Erst kurz vor unserem Haus wurde er unruhig. Und kaum hatte ich die Tür geöffnet, sprang er mit einem Satz ins Schlafzimmer, auf den roten Teppich, und verrichtete sein Geschäftchen.

Ich wurde immer unruhiger. Was sollte ich nur tun?

Da kam mir Frau Kaminski zu Hilfe. Wieder einmal war sie mit einigen Knochen für den Hund herübergekommen. Verzweifelt erzählte ich ihr von Mischkos Schwierigkeiten. Da bekam ich folgendes zu hören:

«Sie haben den Hund schlecht erzogen, weil Sie nicht wissen, wie man mit

Hunden umgeht. Sie müssen jedesmal, wenn er auf den roten Teppich pinkelt, seine Schnauze hineinstecken, ihm einen Klaps geben und ihn zum Fenster hinauswerfen. So macht man das.»

Obwohl ich kein Freund von körperlichen Strafen bin, handelte ich entsprechend Frau Kaminskis Anweisungen.

Mischko kam, sah und pinkelte.

Ich steckte seine Schnauze hinein, gab ihm einen Klaps und warf ihn aus dem Fenster. Diese Prozedur wiederholte sich mehrmals am Tag, aber ich ließ nicht locker. Ich hatte mir fest vorgenommen, Mischko seine schlechten Pinkelsitten abzugewöhnen.

Langsam, sehr langsam begann sich meine Geduld bezahlt zu machen. Er hatte sich einiges gemerkt und manches abgewöhnt.

Sicher, Mischko pinkelt noch immer auf den roten Teppich. Aber nachher springt er immer ganz von selbst aus dem Fenster, ohne die geringste Hilfe von meiner Seite, und wartet draußen auf mein Lob und meine Leckerbissen. Immerhin ein kleiner Erfolg.

Aldous Huxley

Frau Krähe und Herr Klapperschlange

Es waren einmal zwei Krähen, die hatten ihr Nest in einer Pappel. In einer Höhle am Fuß der Pappel lebte aber eine Klapperschlange. Sie war sehr alt und sehr groß, und wenn sie mit ihrer Klapper rasselte, machte sie solch einen Lärm, daß es sogar die Kinder in der Schule hören konnten.

Die meiste Zeit über schlief die Klapperschlange. Aber jeden Nachmittag pünktlich um halb vier kroch sie aus ihrer Höhle, kletterte die Pappel hinauf und guckte in das Krähennest.

Lag ein Ei darin – was meistens der Fall war –, dann schluckte sie es mit einem Happs hinunter, samt der Schale. Danach kroch sie in ihre Höhle zurück und schlief wieder ein.

Wenn dann Frau Krähe vom Kaufmann zurückkam, zu dem sie jeden Nachmittag ging, um einzukaufen, war das Nest leer. «Was kann nur mit meinem wunderschönen kleinen Ei passiert sein?» jammerte sie, während sie suchend hin und her flatterte; und deswegen legte sie jeden Tag ein neues.

So ging das lange Zeit. Aber eines Tages kam Frau Krähe früher als gewöhnlich heim und erwischte Herrn Klapperschlange dabei, wie er das letzte Ei verschluckte.

«Untier!» schrie sie. «Was machen Sie da?»

Herr Klapperschlange antwortete mit vollem Mund: «Ich frühstücke!» Dann glitt er am Baum hinunter zurück in seine Höhle.

Als Herr Krähe an jenem Abend heimkam, fand er seine Frau blaß und verstört vor dem Nest. Aufgeregt rannte sie auf und ab.

«Was ist los, Amelia?» fragte er. «Du siehst ja ganz krank aus. Du hast dich doch nicht etwa schon wieder überfressen?»

«Wie kannst du nur so grausam und gefühllos sein!» schluchzte Frau Krähe. «Ich rackere mich hier für dich ab; und wenn ich nicht arbeite, lege ich ein Ei, Tag für Tag – außer an Sonn- und Feiertagen. Das sind zweihundertsiebenundneunzig Eier im Jahr, und nicht ein einziges Küken ist ausgeschlüpft. Und was machst du? Du fragst, ob ich mich überfressen habe! Wenn ich an diese schreckliche Schlange denke, zittere ich am ganzen Leib.»

«Schlange?» fragte Herr Krähe. «Was für eine Schlange?»

«Die Klapperschlange, die alle meine wunderschönen kleinen Eier aufgefressen hat», sagte Frau Krähe und brach in Tränen aus.

Als sie endlich erklären konnte, was geschehen war, schüttelte Herr Krähe den Kopf. «Das ist eine sehr ernste Angelegenheit», sagte er. «Hier muß ich handeln.»

«Warum gehst du nicht hinunter in die Höhle und tötest die Klapperschlange?» fragte Frau Krähe.

«Ich halte das nicht für einen so besonders guten Einfall», antwortete Herr Krähe.

«Abraham, du hast einfach Angst!» sagte Frau Krähe.

«Angst?» wiederholte Herr Krähe. «Ich habe nicht gesagt, daß ich Angst habe. Ich habe nur behauptet, daß ich deinen Einfall nicht sehr gut finde. Ich

darf hinzufügen, daß deine Einfälle selten gut sind. Deswegen werde ich zu meinem Freund Eule gehen und mit ihm darüber sprechen. Mein Freund Eule ist ein kluger Kerl. Seine Vorschläge sind immer gut.»

Er flog zu der hohen Pappel in Herrn Yosts Garten, in der Alte Eule wohnte. Alte Eule, der in der Nacht arbeitete und tagsüber schlief, war gerade erst aufgestanden, als Herr Krähe an seine Tür klopfte.

«Komm herein, Abraham», sagte die Eule. «Entschuldige bitte, daß ich noch die Pantoffeln anhabe.»

Herr Krähe setzte sich, und während Alte Eule sich rasierte und die Federn kämmte, erzählte er ihm die ganze Geschichte.

«Tja», sagte Alte Eule, als Herr Krähe geendet hatte, «da gibt es wohl nur eines.»

«Und was ist das?»

«Wart's ab.»

Mit diesen Worten öffnete Alte Eule die Tür und flog hinab in das Rübenfeld von Herrn Yost, das an diesem Tag bewässert worden war. Die Erde war noch ziemlich naß.

«Pfui, hier ist es ja ganz matschig», sagte Herr Krähe, als er neben seinem Freund landete.

«Abraham, du redest zu viel», sagte Alte Eule.

«Halt den Schnabel und tu, was ich dir sage.»

Alte Eule nahm einen großen Klumpen Lehm und begann daraus ein Ei zu formen. Herr Krähe machte es genau so. Als sie fertig waren, flog Alte Eule auf das Dach von Olivias Haus, genau dorthin, wo der Kamin aus dem Wohnzimmer aufstieg. Das Feuer im Ofen brannte, und der Schornstein war sehr heiß. Alte Eule legte die beiden Eier oben auf den Schornstein.

Dann flogen die beiden Freunde zurück zu Alte Eules Wohnung und aßen Abendbrot. Bis sie abgespült und das Abendkonzert im Rundfunk gehört hatte, war es zehn Uhr geworden. Der Mond schien hell über die Berge.

«Ich schätze, unsere Eier werden jetzt gar sein», sagte Alte Eule.

Sie flogen zurück zum Schornstein, und tatsächlich waren die beiden Lehmeier ganz und gar durchgebacken und hart wie Stein.

«Welche Farbe haben die Eier deiner Frau?» fragte Alte Eule.

«Blaßgrün», sagte Herr Krähe, «mit kleinen schwarzen Punkten.»

«Gut. Wir haben Glück. Siggy hat hier gerade ein paar Malerarbeiten erledigt», sagte Alte Eule.

Er nahm die Eier und flog zum Tisch, der draußen vor der Küchentür stand. Darauf standen ein paar Farbtöpfe mit Pinseln. Als die Eier so bemalt waren, daß sie ganz genau wie die echten aussahen, trockneten Alte Eule und Herr Krähe sie nochmals über dem Schornstein. Um Mitternacht herum, als die Farbe getrocknet war, flogen sie zur alten Pappel zurück, wo sie von Frau Krähe ungeduldig erwartet wurden.

«Nun», rief sie, «wer von euch beiden hat sich entschlossen, in die Höhle hinunterzugehen und die Klapperschlange zu töten?»

«Keiner von uns», sagte Herr Krähe.

«Keiner von euch?» kreischte Frau Krähe. «Dann sollen also meine zweihundertsiebenundneunzig wunderschönen kleinen Eier weiterhin in der Kehle dieser niederträchtigen Schlange verschwinden? Soll mein Herz Tag für Tag aufs neue brechen, für alle Zeit?»

«Amelia», sagte Herr Krähe, «du redest zu viel. Halt den Schnabel und geh aus deinem Nest hinaus.»

Frau Krähe tat, was ihr befohlen war, und Alte Eule nahm die beiden bunten Lehmeier und legte sie in das Nest.

«Was soll das?» fragte Frau Krähe.

«Wart es ab», sagte Alte Eule, und mit diesen Worten flog er davon, denn er hatte sich mit einem Freund zur Rattenjagd verabredet.

Am nächsten Nachmittag ging Frau Krähe wie gewöhnlich zum Einkaufen. Während sie fort war, wachte Herr Klapperschlange auf und verspürte großen Hunger. Er glitt aus seiner Höhle die Pappel hinauf, den Ast entlang zu Herrn und Frau Krähes Nest.

«Zwei Eier heute», sagte er. «Njam, njam.» Und er schmatzte mit den Lippen – seine Mutter hatte seine Erziehung ein bißchen vernachlässigt, und so besaß er sehr schlechte Manieren. Dann reckte er den Hals und verschluckte die Eier, ohne zu kauen, erst das eine, dann das andere. Danach streckte er sich auf dem Ast in der Sonne aus und fing an, ein kleines Lied zu singen:

«Ich kann nicht fliegen – ich habe keine Flügel;
Ich kann nicht laufen – ich habe keine Beine;
Aber ich kann dahin kriechen, wo der schwarze Vogel singt,
Und seine gesprenkelten Eier fressen,
Und seine gesprenkelten Eier fressen, ha, ha.»

Plötzlich brach er mitten im Singen ab. «Diese Eier müssen aber sehr dicke Schalen gehabt haben», sagte er sich. «Sonst brechen sie schon, bevor sie in meinem Bauch angekommen sind. Heute scheint das aber nicht so zu sein.» Auf einmal spürte er fürchterliches Bauchweh. «Au», wimmerte er. «Ooh, aua, iii.» Aber das Bauchweh wurde immer schlimmer und schlimmer. «Au, ooh, aua.» Herr Klapperschlange begann sich zu winden und zu ringeln, zu krümmen und zu drehen.
Und er krümmte und drehte sich so heftig, daß er – ohne es zu merken – seinen Hals in einem echten Seemannsknoten um den Ast zog. Diesen Knoten konnte er nicht wieder lösen. Aber noch war sein Schwanz frei, und mit dem schlug er hin und her. Er schlug so wild um sich, wand und schraubte sich in so entsetzlichen Krämpfen, daß er schließlich seinen Schwanz, ebenfalls in einem festen Knoten, um einen andern Ast des Baumers gewickelt hatte. Da hing er, und je heftiger er sich zu befreien versuchte, desto fester zogen sich die Knoten zu. Und die ganze Zeit über plagten ihn die Lehmeier in seinem Bauch, und sein Bauch tat ihm schrecklich weh.
Bald darauf kam Frau Krähe vom Kaufmann zurück. Als sie Herrn Klapperschlange erblickte, erschrak sie im ersten Augenblick. Als sie aber entdeckte,

wie fest er sich selbst angebunden hatte, wurde sie auf einmal ganz tapfer und machte ihm Vorwürfe, wie böse es sei, Eier von anderen Leuten aufzufressen.

Seit jenen Tagen hat Frau Krähe mit großem Erfolg vier Familien mit je siebzehn Kindern ausgebrütet. Die Schlange benützt sie als Wäscheleine für die Windeln ihrer Krähenkinder.

Paul Gallico

Ein ganz besonderer Tag

An einem Sonntagmorgen wurde Cäcilie wach, setzte sich im Bett auf und hatte ein seltsames Gefühl. Sie hatte das Gefühl, daß etwas Besonderes in der Luft lag. Etwas ganz Besonderes sogar.

An diesem selben Sonntagmorgen und zu genau derselben Zeit wurde das Meerschweinchen in seinem kleinen Nest wach. Es zog seine rosa Nase unter seinen rosa Pfoten hervor und hob sie in die Luft. Es schnupperte, nieste. Und auch es hatte das Gefühl, daß etwas Besonderes in der Luft lag. Etwas ganz Besonderes sogar.

Cäcilie schaute zum Fenster hinaus und sah die Sonne und das Meer. Das blaue Meer blitzte, als sei es mit Diamanten bedeckt. Die Sonne war noch nicht in den Himmel hinaufgeklettert. Sie schien sich auf dem Rand des Wassers auszuruhen.
Noch nie zuvor hatte sie so etwas gesehen. Sogleich dachte sie: «Sollte heute vielleicht der Tag sein, an dem das Meerschweinchen und ich miteinander reden können?»
Jeden Morgen hatte Cäcilie von neuem gehofft, daß es geschehen werde. Aber dies war der allererste Morgen, an dem sie das Gefühl hatte, es könne wirklich und wahrhaftig geschehen.

Das Meerschweinchen blickte zum Fenster hinaus zu den Bäumen oben am Berg. Sie rauschten, so als flüsterten sie miteinander.
Das Meerschweinchen hatte dies noch nie zuvor bemerkt, und es dachte:

«Sollte vielleicht heute der Tag sein, an dem Cäcilie und ich miteinander reden können?»

Als Cäcilie aufstand, verspürte sie ein Prickeln und ein eigentümliches Gefühl im Magen.

Erinnert ihr euch, wie das ist, wenn man morgens wach wird und weiß, daß man Geburtstag hat? Oder daß Weihnachten ist? Oder daß endlich der Tag gekommen ist, an dem man in die Ferien fährt?

Heute war nicht ihr Geburtstag. Es war auch nicht Weihnachten. Sie fuhr nirgendwohin. Aber sie war aufgeregt. Sie war überzeugt, daß sie nur hochzuhüpfen brauchte, um geradewegs zum Fenster hinauszufliegen. Sie tat es nicht, denn dazu war sie zu vernünftig. Aber das Prickeln von Kopf zu Fuß und das Gefühl in ihrem Magen verrieten ihr, daß an diesem Tag vielleicht etwas Großartiges geschehen werde.

Genau dasselbe fühlte das Meerschweinchen; nur fühlte es, da es ein Meerschweinchen war, das Prickeln an anderen Stellen.

Bei ihm fing es mit einem Kitzeln in der Nase an. Dann nieste es viermal und hatte das Gefühl, daß es nur einen Luftsprung zu machen brauchte, dann würde es zwischen den Stäben seines Käfigs hindurch fliegen, zum Fenster hinaus, an der Pumpe im Hof vorbei und über die Dächer der Treibhäuser hinweg geradewegs in die Wipfel der Bäume.

Das Meerschweinchen tat es nicht. Das Kitzeln, das es nun überall spürte, sogar bis in seine rosa Zehen hinein, und drei weitere Nieser verrieten ihm, daß ihm an diesem Tage vielleicht etwas Großartiges widerfahren werde.

Das Wasser in Cäcilies Badewanne sah an diesem Morgen wie Silber aus. Als es aus dem Hahn lief, sang es ein Liedchen. Die Seife hielt sich aus ihren Augen heraus. Sie war im Nu abgetrocknet. Ihre Kleider schienen ihr geradezu auf den Körper zu springen. Sonst ging es bei Cäcilie immer recht langsam mit dem Anziehen. Solch ein Tag war das!

Während das Meerschweinchen sich an den Morgenputz seines Fells machte, kroch die Sonne über den Boden. An anderen Tagen brauchte das Meerschweinchen ziemlich viel Zeit, sein strubbeliges Fell zu kämmen, seine Barthaare zu ordnen und sich die Spinnweben aus den Augen zu wischen. Nun ging alles flink. Es bürstete seinen Pelz, daß er glatt wie Seide wurde. Es strich seine Barthaare gerade. Es wischte sich die Augen blank. Und bevor es sich's versah, war es fertig. Solch ein Tag war das!

Der Tag selber zitterte vor lauter Aufregung, und alles erschien Cäcilie verändert. Das Frühstück schmeckte besser, die Eier waren gelber, der Zwieback knuspriger, die Milch war süßer. Draußen ums Haus schien sogar die Luft weicher zu sein.
Auch die Geräusche waren nicht dieselben. Das Tuten des Zuges, der am Meer entlangsauste, schien trauriger Lebewohl zu sagen. Das Singen der Vögel im Wald klang anders.
Sobald Cäcilie mit dem Frühstück fertig war, lief sie, um ihr Meerschweinchen zu holen. Ihre Füße schienen kaum den Boden zu berühren.
Als sie in die Scheune kam und die Käfigtür öffnete, wartete es schon auf sie. Cäcilie sah sofort, daß es verändert war – wie alles an diesem außergewöhnlichen Tag.
War seine Nase vorher rosa gewesen, so war sie nun zweimal so rosa. Und wenn seine Barthaare vorher weiß gewesen waren, so waren sie nun zweimal so weiß. Und sein Fell glänzte. Cäcilie nahm es in die Hand und hielt es an ihr Gesicht. Sie flüsterte: «Ich habe das Gefühl, es wird heute etwas Wunderbares geschehen.»

Das Meerschweinchen verstand kein Wort; aber es glaubte die Worte beinahe zu verstehen. Als es dicht an ihrer Wange war, flüsterte es ihr ins Ohr: «Ich glaube, wir beide werden heute etwas Wunderbares erleben.» Aber es flüsterte in der Meerschweinchensprache, und Cäcilie verstand kein Wort.

Nun machten sie sich gemeinsam auf die Suche nach dem Ort, wo etwas Wunderbares geschehen würde – was immer es auch sein mochte. Weder Cäcilie noch das Meerschweinchen wußten, wo sie suchen sollten. Sie gingen zum Bach hinunter und warteten. Der Bach purzelte über die Steine den Berg hinunter. Aber dort geschah nichts.
Sie gingen zur Schlucht hinter den Treibhäusern, wo die Pinien rauschten. Sie sahen einen Grashüpfer. Aber das war alles.
Sie gingen in den Apfelgarten und horchten auf das Summen der Bienen. Ein Apfel fiel mit einem Plumps vom Baum, und Bobby kam angesaust und bellte ihn an. Aber sonst geschah nichts.
Sie gingen langsam durch den Weinlaubengang, und Cäcilie achtete darauf, daß sie nicht auf einen der Risse in den Steinen trat; man konnte nie wissen. Aber es führte zu nichts.
Sie gingen durch die Scheune, in das Treibhaus, wo in den Kästen gerade winzige Sämlinge mit grünen Blättchen aus der schwarzen Erde hervorbrachen. Aber das war alles.
Sie besuchten die verschiedenen Blumen draußen. Aber auch sie schwiegen jetzt.
Dennoch wußten das Meerschweinchen und Cäcilie, daß dies der Tag war, an dem etwas geschehen mußte.
Sie stiegen auf den Dachboden hinauf. Cäcilie war fast sicher, daß es hier geschehen würde. Hier gab es so viele aufregende Dinge: Kisten, alte Zeitungen, einen Stuhl mit drei Beinen, einen gespaltenen Tisch, eine Spinne, die sich vom Dach herunterließ, zerbrochenes Spielzeug. Sie fanden ein Paar Schuhe und einen alten Hut. Es war dunkel, da nur sehr wenig Licht durch

die Spalten zwischen den roten Dachziegeln fiel. Cäcilie flüsterte: «Pst. Ganz still!» Und sie drückte das Meerschweinchen noch dichter an ihre Wange. Aber es geschah nichts. Nur die Spinne zog sich an ihrem Faden hoch und kroch in ihr Loch unterm Dach. Jetzt wußten sie nicht mehr, wohin sie nun gehen sollten, denn sie waren fast überall gewesen.
Und da geschah es!
Wer hätte geglaubt, daß das Geheimnis in der alten Standuhr verborgen war?

Die Uhr war fast so alt wie das Haus, und fast reichte sie bis an die Decke. Ihr Zifferblatt war groß und rund. Es sah aus wie ein Gesicht. Eine Sonne und der Mond waren darauf gemalt. In der Mitte waren zwei Löcher, in die man die Schlüssel steckte, um die Uhr aufzuziehen; die sahen wie eine Nase aus. Am unteren Rand war eine Stelle, an der man das Datum ablesen konnte, und die ähnelte einem kleinen Mund. Immer, wenn Cäcilie durch die Diele ging, hatte sie das Gefühl, die alte Uhr beobachtete sie.
Ihr Tick war laut, ihr Tack war noch lauter. Am lautesten und klarsten jedoch tönte ihr Stundenschlag. Die Uhr war so alt, daß sie eine ganze Weile brauchte, bis sie sich auf das Schlagen vorbereitet hatte. Zuerst bebte sie. Dann zitterte sie. Dann summte sie. Dann schnurrte sie. Dann machte sie ein Geräusch, das genau so klang, als falle jemand die Treppe hinunter. Und dann endlich schlug sie: «Bong! Bong! Bong!» Sie hatte eine tiefe Stimme, die man im ganzen Haus und sogar bis unten in den Keller hören konnte.
Als Cäcilie an diesem Morgen mit ihrem Meerschweinchen durch die Diele ging, hatte sie wieder das Gefühl, daß die Uhr ihr nachblicke. Diesmal blieb Cäcilie stehen und drehte sich schnell um.
Tatsächlich, die alte Uhr beobachtete sie. Aber sie beobachtete sie diesmal nicht nur, sie lächelte.
Cäcilie ging zu der Uhr hinüber, drückte ihr Meerschweinchen fest an sich. Sie stellte sich auf die Zehenspitzen und schaute zur Uhr hinauf, damit ihr ja kein Wort entgehe.

Zuerst sagte die Uhr nur wie alle Uhren: «Tick-tack, tick-tack.» Aber dann wechselte sie und sagte: «Tack-tick, tack-tick», wie Uhren es manchmal tun. Und dann sagte sie laut und deutlich:

> «Tick-tack, tick-tack, hört doch nur!
> Sprecht miteinander zwischen zwölf Uhr.
> Tack-tick, tack-tick, merkt's euch schön:
> Zwischen zwölf Uhr –
> Schnell muß es gehn!»

Endlich war es so weit. Cäcilie hatte jedes Wort verstanden. Und das Meerschweinchen hatte ebenfalls alles verstanden, als habe die Uhr in der Meerschweinchensprache gesprochen.
Endlich würde das geschehen, was beide so sehr herbeigewünscht hatten. Aber was meinte die Uhr mit *zwischen* zwölf Uhr? Wie konnte etwas *zwischen* zwölf Uhr geschehen? Entweder war es zwölf, oder es war nicht zwölf. Wie garstig von der Uhr, in Rätseln zu sprechen!

> «Tick-tack, tick-tack, hört doch nur!
> Sprecht miteinander zwischen zwölf Uhr.
> Tack-tick, tack-tick, merkt's euch schön:
> Zwischen zwölf Uhr –
> Schnell muß es gehn!

Sie kamen einfach nicht darauf, und beide sahen gespannt zur Uhr, um herauszufinden, ob sie ihnen vielleicht noch mehr zu sagen habe. Aber sie schwieg und versteckte ihr Gesicht hinter ihren Händen, denn sie wollte elf Uhr schlagen.
Und, wie ihr gehört habt, war der Stundenschlag eine überaus ernste Angelegenheit für die alte Standuhr. Zuerst bebte sie. Dann zitterte sie. Dann

summte sie. Dann schnurrte sie. Dann kam das Geräusch, das sich anhörte, als falle jemand die Treppe hinunter, und danach begann sie zu schlagen: «Bong! Bong! Bong!»
Cäcilie und das Meerschweinchen zählten: «Eins. Zwei. Drei.»
«Bong! Bong!»
«Vier. Fünf.»
Plötzlich stieß Cäcilie einen lauten Schrei aus, und gleichzeitig stieß das Meerschweinchen einen winzig leisen Schrei aus. Beide wußten im selben Augenblick, was die Uhr ihnen hatte sagen wollen.
Mit «*zwischen* zwölf Uhr» mußte die Zeit zwischen dem ersten und dem letzten Schlag zur Mittagsstunde gemeint sein.
Langsam zählen! Eins – zwei – drei – vier – fünf – sechs – sieben – acht – neun – zehn – elf – zwölf.

Sie sollten also nicht länger miteinander sprechen dürfen. Darum hatte die Uhr gesagt: «Schnell muß es gehn!»
Aber was würden sie während der Zeit, in der die Uhr zwölf schlug, sagen? Was konnten sie einander sagen? Was wollten sie sagen?
Es müßte etwas überaus Wichtiges sein. Oder etwas überaus Geheimnisvolles. Oder etwas überaus Aufregendes. Etwas, was sie beide nie wieder vergessen würden.
Es war nun elf Uhr vorbei.

Jedes Tick und jedes Tack brachte sie dem Zauberaugenblick näher.
Cäcilie warf einen letzten Blick auf die Standuhr, dann eilte sie auf die Diele hinaus und die Treppe zum Versteck hinunter. Es lag genau unter der Uhr. Hier würden sie sie schlagen hören. Aber o weh! Sie hatten nicht mehr viel Zeit, zu überlegen, was sie einander sagen sollten.
Cäcilie dachte: «Soll ich dem Meerschweinchen sagen, wann ich Geburtstag habe?»

Das Meerschweinchen dachte: «Soll ich Cäcilie erzählen, wie ich in der Tierhandlung vom Brett gefallen bin und mir an der Nase weh getan habe?»

Cäcilie überlegte: «Soll ich erzählen, daß ich vorige Woche die Erste in der Schule war?»

Das Meerschweinchen fragte sich: «Soll ich Cäcilie erzählen, wie mein Vater einmal den ersten Preis auf der Meerschweinchenausstellung gewonnen hat?»

Cäcilie dachte: «Ob mein Meerschweinchen hören möchte, daß mein Vetter Robert, der in Paris wohnt, uns zu Weihnachten besuchen wird?»

Das Meerschweinchen dachte bekümmert: «Soll ich Cäcilie erzählen, daß ich manchmal ein bißchen Angst vor Coco, dem Papagei, habe?»

Sie hatten einander so viel zu sagen.

Cäcilie setzte das Meerschweinchen auf das Steinbord. «Bald, bald ist es so weit. Aber was soll ich dir erzählen? Was möchtest du gerne wissen?»

Und das Meerschweinchen setzte sich auf und quiekte: «O Cäcilie, ich habe dir so viel zu erzählen. Was möchtest du am liebsten hören?»

Aber noch verstanden sie einander nicht.

Cäcilie war außer Atem und fast in Tränen.

«O mein Meerschweinchen!» rief sie. «Es sind nur noch zwei Minuten bis zwölf, und ich weiß immer noch nicht, was ich dir erzählen will.»

Das Meerschweinchen brauchte Cäcilies Worte nicht zu verstehen. Es wußte immer, wie spät es war; es fühlte das mit den Spitzen seiner Barthaare. Es wußte genau, daß es nur noch zwei Minuten bis zwölf war. Auch es hatte sich noch nicht entschließen können, was es Cäcilie erzählen sollte.

Das Meerschweinchen nahm die Pfoten vom Gesicht, und als es seine goldenen Augen aufschlug, blickte es in Cäcilies graue. Er sah Tränen darin. Wenn Meerschweinchen weinen könnten, hätte es auch geweint.

Und nun hörten sie durch den Fußboden die Standuhr oben in der Diele beben. Dann zitterte sie. Dann summte sie. Dann schnurrte sie. Schließlich machte sie das Geräusch, das so klang, als falle jemand die Treppe hinunter, und dann endlich hörten sie den tiefen, dröhnenden Stundenschlag. «Bong!»

Es war der erste Ton des Zauberaugenblicks zwischen zwölf. Und plötzlich brauchte Cäcilie nicht mehr zu überlegen, was sie sagen sollte. Sie wußte es! Sie schaute in das kleine braunschwarze Gesicht mit der rosa Nase und den winzigen Ohren, die so fein waren, daß man fast hindurchsehen konnte. Sie sah ein armes kleines Meerschweinchen, das eigentlich nicht sehr hübsch war, mit seinem Fleck auf dem Rücken. Aber es gehörte ihr.

Und sie rief: «Oh, ich habe dich lieb!»

Das Meerschweinchen sah in Cäcilies braunes Gesicht. Zwei Tränen schimmerten noch in den grauen Augen, und es brauchte nicht mehr zu überlegen, was es ihr sagen wollte. Es wußte es auch.

Er sah ein kleines Mädchen. Hübsch war es eigentlich nicht, denn es hatte Sommersprossen, und seine Nase zeigte ein bißchen nach oben. Aber sie gehörten zusammen.

«O Cäcilie!» rief das Meerschweinchen. «Ich habe dich lieb!»

Und dann sagten sie beide noch einmal zueinander: «Ich habe dich lieb!» Das war alles, was sie sagten, während oben die Standuhr dröhnend die letzten Schläge tat.

Cäcilie nahm ihr Meerschweinchen und ging mit ihm in die Diele hinauf, zur alten Standuhr.

Noch einmal stellte Cäcilie sich auf die Zehen und hielt das Meerschweinchen hoch, damit es die Uhr mit ihren Sonne-und-Mond-Augen sehen könne.

«Danke schön!» flüsterte sie.

Die Standuhr erwiderte:

> «Tick-tack, tick-tack, denkt doch nur,
> Ihr spracht miteinander zwischen zwölf Uhr.
> Tack-tick, tack –
> Gut ausgedacht!
> Tick-tack, tick-tack,
> Fein gemacht!»

Cäcilies Mutter kam aus der Küche und sagte: «Was machst du denn da, Cäcilie? Das arme Meerschweinchen so zur Uhr hochzuheben!»
«Nichts», sagte Cäcilie.
Aber es war doch wirklich etwas gewesen.

Isaac B. Singer

Zlateh, die Geiß

In diesem Jahr war der Winter mild gewesen. Das Fest Chanukka nahte, aber nur wenig Schnee war gefallen. Meistens schien die Sonne. Die Bauern klagten. Das Wintergetreide versprach wegen des trockenen Wetters nur eine magere Ernte. Grünes Gras wuchs, und die Bauern trieben ihr Vieh auf die Weide.

Für Ruben, den Pelzhändler, war es ein schlechtes Jahr. Erst nach langem Zögern entschloß er sich, Zlateh, die Geiß, zu verkaufen. Sie war alt und gab nur wenig Milch. Der Stadtmetzger Feivl hatte acht Gulden für sie geboten. Für diese Summe konnte man Kerzen kaufen, Kartoffeln und Öl für die Pfannkuchen, Geschenke für die Kinder und andere Dinge, die an Feiertagen im Hause nötig sind. Ruben befahl seinem ältesten Sohn Aaron, die Geiß in die Stadt zu bringen. Aaron wußte, was es bedeutete, die Geiß zu Feivl zu bringen; aber er gehorchte dem Vater. Leah, seine Mutter, wischte sich Tränen vom Gesicht, als sie das hörte. Aarons jüngere Schwestern, Anna und Mirjam, weinten laut. Aaron zog seine gesteppte Jacke an, setzte die Mütze mit den Ohrenklappen auf, band einen Strick um Zlatehs Hals und steckte zwei Käsebrote ein; diese wollte er unterwegs essen. Aaron sollte die Geiß abends abliefern, über Nacht bei den Metzgersleuten bleiben und am anderen Tag mit dem Geld zurückkehren.

Während sich die Familie von der Geiß verabschiedete und Aaron den Strick an ihrem Hals zurechtrückte, stand Zlateh geduldig und gutmütig da. Sie leckte Ruben die Hand, schüttelte ihren dünnen weißen Bart. Zlateh vertraute den Menschen. Sie wußte, daß sie immer gefüttert wurde und man ihr nie etwas zuleide tat.

Als Aaron sie auf die Straße zur Stadt brachte, schien sie etwas erstaunt zu sein. Nie zuvor war sie in diese Richtung geführt worden. Fragend schaute sie zu ihm zurück: «Wohin führst du mich?» Aber nach einer Weile fiel ihr ein, daß eine Geiß keine Fragen stellen sollte. Dennoch, dieser Weg war anders als die gewohnten. Sie kamen an Feldern, Weiden und strohgedeckten Hütten vorbei. Ab und zu bellte ein Hund und rannte hinter ihnen her. Aaron verjagte ihn mit seinem Stock.

Die Sonne schien, als Aaron das Dorf verlassen hatte. Plötzlich änderte sich das Wetter. Eine große schwarze Wolke, blau in der Mitte, zog von Osten auf. Rasch breitete sie sich über den ganzen Himmel aus. Kalter Wind blies. Tief flogen krächzende Krähen. Zuerst sah es so aus, als wollte es regnen; aber dann fing es wie im Sommer zu hageln an. Es war noch früh am Tag, aber es wurde dunkel wie in der Nacht. Nach einer Weile hagelte es gar.

Aaron hatte in seinen zwölf Jahren schon jedes Wetter gesehen. Aber einen Schneefall wie diesen hatte er noch nie erlebt. Die Schneeflocken fielen so dicht, daß das Tageslicht verlöschte. Nach kurzer Zeit war der Weg mit Schnee bedeckt. Eisiger Wind blies. Die Straße zur Stadt war eng und gewunden. Aaron wußte nicht mehr, wo er war. Er konnte durch den fallenden Schnee nicht hindurchschauen. Kälte fuhr unter seine gesteppte Jacke.

Zuerst schien Zlateh den Schnee gar nicht zu beachten. Sie war bereits zwölf Jahre alt und wußte, was Winter bedeutet. Ihre Beine sanken immer tiefer und tiefer im Schnee ein. Da drehte sie den Kopf und schaute Aaron verwundert an. Ihre sanften Augen schienen zu fragen: «Warum sind wir bei diesem Sturm draußen?» Aaron hoffte, daß ein Bauer mit seinem Marktwagen daherkäme, aber keiner kam.

Der Schnee fiel dichter, in großen Flocken. Aaron spürte unter seinen Stiefeln weiches, gepflügtes Feld. Er merkte, daß er vom Weg abgekommen war. Er wußte weder, wo Osten war noch Westen, wo das Dorf lag und wo die Stadt. Der Wind pfiff und heulte und wirbelte den Schnee umher. Es sah aus, als ob weiße Kobolde über den Feldern tollten. Weiße Schneewolken wirbelten auf.

Zlateh stand still. Sie konnte nicht mehr weiter. Widerspenstig stemmte sie ihre Hufe in den Boden und meckerte, als wollte sie nach Hause geführt werden. Eiszapfen hingen von ihrem weißen Bart herunter. Ihre Hörner glänzten vom Eis.

Aaron wollte die Gefahr nicht sehen; aber er wußte, daß sie erfrieren würden, wenn sie keinen Unterschlupf fanden. Das war kein gewöhnlicher Sturm. Das war einer der schlimmsten Schneestürme, die er erlebt hatte. Der Schnee reichte ihm bis zu den Knien. Seine Hände waren erstarrt. Seine Zehen spürte er nicht mehr. Wie Holz fühlte sich seine Nase an. Er rieb sie mit Schnee ein. Zlatehs Meckern hörte sich wie Weinen an. Diese Menschen, denen sie so sehr vertraut hatte, führten sie in den Tod.

Aaron begann zu beten, für sich selbst und für das unschuldige Tier.

Plötzlich erkannte er die Form eines Hügels.

Was das wohl sein mochte? Wer hatte den Schnee zu so einem riesigen Haufen aufgetürmt? Er zerrte Zlateh hinter sich her und ging auf den Hügel zu. Als er näher kam, sah er, daß es ein großer Heuhaufen war, den der Schnee zugedeckt hatte.

Aaron begriff sofort, daß sie gerettet waren. Er grub sich einen Weg durch den Schnee. Als Dorfjunge wußte er, was zu tun war. Als er das Heu erreicht hatte, höhlte er ein Nest für sich und die Geiß aus. Wie kalt es draußen auch sein mochte, im Heu war es warm. Und Heu war Futter für Zlateh. Kaum hatte sie es gerochen, war sie zufrieden und begann zu fressen. Draußen fiel weiter Schnee. Schnell deckte er den Eingang wieder zu, den Aaron gegraben hatte. Aber der Junge und das Tier mußten atmen, und es war kaum Luft in ihrem Versteck. Da bohrte Aaron eine Art Fenster durch das Heu und den Schnee und hielt das Loch sorgfältig frei. Nachdem Zlateh sich sattgefressen hatte, setzte sie sich auf die Hinterbeine. Sie schien ihr Vertrauen in die Menschen wiedergewonnen zu haben. Aaron aß seine zwei Käsebrote. Aber nach dieser mühsamen Reise war er immer noch hungrig. Er schaute Zlateh an und bemerkte, daß ihre Euter voll waren. Er legte sich so neben sie hin, daß er sich

die Milch in den Mund melken konnte. Die Milch war fett und schmeckte süß. Zlateh war zwar nicht gewohnt, so gemolken zu werden, aber sie wehrte sich nicht.

Durch das Loch konnte Aaron einen Blick hinaus werfen. Der Wind trieb Schneeschauer vorbei. Es war stockdunkel, und er wußte nicht, ob es schon Nacht geworden war. Gott sei Dank war es im Heu nicht kalt. Das getrocknete Gras und die Feldblumen strömten die Wärme der Sommersonne aus. Zlateh fraß in einem fort; sie knabberte oben und unten, links und rechts. Ihr Körper war warm, und Aaron kuschelte sich eng an sie. Er hatte Zlateh schon immer gern gehabt, aber jetzt war sie ihm noch lieber. Aaron wollte reden. So sprach er mit Zlateh.

«Zlateh, was wird wohl aus uns werden?» fragte er.

«Mäh», antwortete Zlateh.

«Wenn wir den Heuhaufen nicht gefunden hätten, wären wir beide jetzt schon steif gefroren», sagte Aaron.

«Mäh», antwortete Zlateh.

«Wenn weiter so viel Schnee fällt wie jetzt, müssen wir tagelang hier bleiben», erklärte Aaron.

«Mäh», meckerte die Geiß.

«Was bedeutet ‹Mäh›?» fragte Aaron. «Du solltest deutlicher sprechen.»

«Mäh, mäh», war die Antwort der Geiß.

«Gut, lassen wir's», sagte Aaron geduldig. «Du kannst nicht sprechen, aber du verstehst mich. Ich brauche dich, und du brauchst mich.»

«Mäh», machte die Geiß.

Aaron wurde schläfrig. Er machte sich aus etwas Heu ein Kissen, lehnte den Kopf daran und schlummerte ein. Auch Zlateh schlief.

Als Aaron die Augen öffnete, wußte er nicht, ob es Morgen oder Nacht war. Der Schnee hatte sein Fenster verstopft. Er versuchte es freizulegen, aber als er seinen Arm ganz hineingebohrt hatte, war er noch immer nicht draußen angelangt. Glücklicherweise hatte er seinen Stock bei sich und konnte so durchstoßen. Draußen war es immer noch dunkel. Immer noch fiel Schnee, und der Wind heulte manchmal mit einer Stimme und dann mit vielen. Dann klang es wie teuflisches Gelächter. Zlateh erwachte, und als Aaron sie begrüßte, antwortete sie: «Mäh.» Ja, Zlatehs Sprache bestand nur aus einem Wort, aber das bedeutete so vieles. Jetzt sagte sie: «Wir müssen alles annehmen, was Gott uns gibt. Hitze, Kälte, Zufriedenheit, Licht und Dunkelheit.» Aaron war hungrig aufgewacht. Er hatte seine Brote gegessen, aber Zlateh gab noch viel Milch.

Drei Tage lang blieben Aaron und Zlateh im eingeschneiten Heuhaufen. Aaron hatte Zlateh schon immer gern gehabt, aber in diesen drei Tagen gewann er sie noch einmal viel lieber. Sie nährte ihn mit Milch und gab ihm Wärme. Sie ermutigte ihn mit ihrer Geduld. Er erzählte ihr viele Geschichten. Sie spitzte die Ohren und hörte ihm zu. Wenn er sie streichelte, leckte sie ihm Gesicht und Hände. Dann sagte sie: «Mäh.» Und er wußte, das bedeutete: «Ich hab' dich lieb.»

Drei Tage fiel der Schnee. Nach den ersten Tagen nicht mehr so dicht wie zuvor. Der Wind hatte sich gelegt. Manchmal war es Aaron, als habe es nie einen Sommer gegeben, als sei immer Schnee gefallen. Er hätte nie einen Vater und nie eine Mutter gehabt. Er wäre ein Schneekind, vom Schnee geboren, und Zlateh, die Geiß, auch. Es war so ruhig im Heuhaufen, daß die Stille in seinen Ohren brauste. Aaron und Zlateh schliefen die ganze Nacht über und auch am Tag. Aaron träumte von warmem Wetter. Er träumte von grünen Feldern, blühenden Bäumen, klaren Bächen und singenden Vögeln. In der dritten Nacht hörte es zu schneien auf. Aaron wagte es nicht, in der Dunkelheit den Heimweg zu suchen. Der Himmel wurde klar, der Mond schien und warf silbernes Licht über den Schnee. Aaron grub sich aus dem Heuhaufen hinaus und schaute sich die Welt an. Alles war weiß und ruhig. Groß und nah waren die Sterne. Der Mond schwamm im Himmel wie in einem See.

Am Morgen des vierten Tages hörte Aaron das Klingeln von Schlittenglocken. Der Heuhaufen lag nicht weit von der Straße. Der Bauer, der den

Schlitten fuhr, zeigte ihm den Weg – nicht in die Stadt zum Metzger Feivl, sondern heim ins Dorf. Aaron hatte im Heuhaufen beschlossen, sich nie mehr von Zlateh zu trennen.

Aarons Familie und die Nachbarn hatten nach ihm und der Geiß gesucht. Aber während des heftigen Sturms war keine Spur zu finden. Sie fürchteten, daß sie tot waren. Aarons Mutter und Schwestern weinten, sein Vater blieb still und traurig. Plötzlich rannte ein Nachbar herein und rief: «Aaron und Zlateh kommen die Straße herauf!»

Da freute sich die ganze Familie. Und Aaron erzählte, wie Zlateh, die Geiß, ihn im Heuhaufen mit Milch ernährt hatte.

Aarons Schwestern küßten und umarmten Zlateh. Sie gaben ihr etwas ganz besonders Gutes zu fressen; geschnitzelte Rüben und Kartoffelschalen. Zlateh verschlang alles.

Niemand dachte jemals wieder daran, Zlateh zu verkaufen. Nur Aaron fragte noch manchmal: «Zlateh, erinnerst du dich noch an die drei Tage, die wir zusammen verbrachten?»

Da kratzte sich Zlateh mit einem Horn den Hals, schüttelte den weißbärtigen Kopf und meckerte ihr «Mäh», das alle ihre Gedanken ausdrückte.

Ana María Matute

Der Lehrling

Es gab einmal ein Dorf, da wohnten nur redliche Menschen, und jeder konnte von seiner Arbeit leben. Aber das Land, zu dem das Dorf gehörte, wurde von einem Krieg und von einer großen Dürre zerstört, und so brach für die Menschen eine Zeit der Not und des Elends an.
In jener Zeit kam eines Tages ein alter Mann mit zwei Eseln in das Dorf, die beide bepackt waren mit Gütern und Lebensmitteln. Dieser Mann lieh den Leuten Geld und verkaufte ihnen für das geliehene Geld Werkzeug, Geräte und auch etwas zu essen.
Auf diese Weise waren nach kurzer Zeit die Handwerker, die Bauern und alle anderen Bewohner des Dorfes durch ihre Schulden von ihm abhängig.
Nach ein paar Jahren eröffnete der Alte einen Kramladen, wo alle, ob sie wollten oder nicht, kaufen mußten. Denn da sie ihre Schulden bei ihm abbezahlen mußten, blieb ihnen kein Geld für das, was sie zum Leben brauchten, und so mußten sie immer neue Schulden bei ihm machen. Es war wie eine Kette ohne Ende, von der sie nicht mehr loskamen. Auf diese Weise stürzte der Alte mehrere Familien ins Verderben, während er selber jeden Tag reicher wurde und mit der Zeit das ganze Dorf in seine Hand brachte.
Der Laden war groß und düster, und der Alte war ein selbstsüchtiger und hartherziger Mann. Jeden Abend zählte er sein Geld und versteckte es dann in einer Mauerhöhlung hinter einem lockeren Ziegelstein. Er hieß Ezequiel und lebte für sich allein in der Dachstube über seinem Kramladen.
Eines Nachts im Winter klopfte es an seiner Tür. Er öffnete und erblickte vor sich einen barfüßigen, zerlumpten Jungen, der ihn aus seinen leuchtenden schwarzen Augen fest ansah.

«Können Sie mir sagen, wo ich den Krämer Ezequiel finde?» fragte er. «Ich komme von weither und habe ihm einen Brief zu überbringen.»

«Ich bin der Krämer Ezequiel», antwortete der Alte. «Aber glaub nicht, daß du mich täuschen kannst. Ich habe weder Freunde noch Verwandte, und kein Mensch würde auf die Idee kommen, einen Jungen wie dich mit einem Brief zu mir zu schicken.»

Damit wollte er ihm die Tür vor der Nase zuschlagen. Aber der Junge war dünn und geschmeidig wie ein Fisch und schlüpfte durch den Türspalt, indem er den Alten lachend beiseite drängte.

«Frecher Bengel!» rief der Krämer empört und griff nach seinem Stock. «Ich werde es dir zeigen!»

Doch in diesem Augenblick zog der Junge einen fleckigen und zerknitterten Umschlag unter seinem Hemd hervor und streckte ihn mit einer Verbeugung dem Alten hin.

Der Krämer riß den Umschlag auf und las den Brief: «Lieber Freund, ich weiß nicht, ob du Dich an mich erinnerst nach all den Jahren, die wir uns nicht gesehen haben. Ich bin derjenige, dem Du einst so großmütig und uneigennützig geholfen hast. Und darum wende ich mich mit der Bitte an Dich, daß Du den Jungen, der Dir diesen Brief überbringt, bei Dir aufnimmst. Laß ihn einen Beruf lernen und halte ihn wie einen eigenen Sohn. Bestimmt wirst Du mir eines Tages dankbar sein, denn mit ihm überlasse ich Dir das höchste Gut, das ich auf dieser Welt besitze.»

Die Unterschrift war unleserlich. Die Tinte war ausgelaufen, so als seien Regentropfen darauf gefallen.

«Was soll dieser Unsinn!» sagte der Krämer ägerlich. «Hinaus mit dir, du Strolch, du Nichtsnutz! In meinem Haus ist kein Platz für Spitzbuben und Tagediebe! Und was deinen Herrn betrifft, sei er nun dein Vater oder wer auch immer, so kann ich mich nicht erinnern, jemals mit irgendeinem Menschen ein Stück Brot geteilt zu haben. Also mach, daß du fortkommst, ehe ich böse werde und dir mit meinem Stock eins über den Kopf gebe.»

Aber der Junge versteckte sich hinter einem Regal und sagte: «Sie werden es bestimmt bereuen, wenn Sie mich fortschicken. Sie sind alt und schwach und brauchen Hilfe. Und ich verlange nichts dafür, außer daß Sie mich unter der Treppe schlafen lassen und mir abends, wenn Sie den Laden geschlossen haben, ein paar Stunden freigeben, damit ich in den Nachbarhäusern fegen und mir so einen kleinen Lohn verdienen kann. Wenn Sie mir das gewähren, bin ich glücklich und zufrieden. Und Sie werden mit meiner Hilfe noch mehr Geld verdienen.»

Der Alte musterte den Jungen von oben bis unten. Seine Kleider waren zwar schmutzig und zerlumpt, aber er sah lebhaft und flink aus, und seine Augen glänzten wie zwei Glasperlen.

«Ich werde alt, da hast du recht», sagte der Krämer. Und als er bei sich bedachte, wie wenig der Junge verlangte für all die Arbeit, die er ihm aufladen wollte, regte sich seine Habgier, und er sah ihn mit einem scheelen Lächeln an.

«Ich werde alt, da hast du recht, ich brauche eine Hilfe. Aber wie soll ich wissen, ob ich dir trauen kann?»

«Warum sollte ich Sie betrügen?» sagte der Junge. «Ich habe nichts und brauche nichts, denn mir liegt nicht an Geld und Gut. Versuchen Sie es mit mir.»

Der Alte nahm einen großen Besen und warf ihn dem Jungen zu. Der Junge fing ihn auf und wirbelte zweimal damit im Kreis herum.

«Du bist ein komischer Vogel», sagte der Alte. «Aber gut, lassen wir es auf einen Versuch ankommen. Als erstes fegst du den Laden aus, er hat es dringend nötig. Aber wenn du in einer halben Stunde nicht damit fertig bist, dann prügle ich dich mit meinem Stock auf die Straße hinaus.»

Der Junge verschwand mit dem Besen zwischen den Regalen des Ladens und machte sich an die Arbeit.

Am nächsten Morgen stand der Alte in aller Frühe auf. Er wollte den Jungen heimlich beobachten. Was er sah, nahm ihm fast den Atem: Da saß der Lehrling mitten im Laden, zwischen Stoffen, Geschirr und allerlei Handwerkszeug, und spielte mit einem Häufchen Goldmünzen.

«Ha! Jetzt hab' ich dich erwischt, du Lump, du Teufelsbraten!» schrie der Alte von der Treppe herab. «Du hast mein Geld aufgestöbert»!

Wie der Blitz kam er die Treppe herunter und stürzte sich mit erhobenen Fäusten auf den Lehrling. Aber der Junge verkroch sich wieder hinter einem Regal und sagte: «Ich will dein Gold nicht, Herr. Nimm es, ich habe es beim Ausfegen unter den Regalen gefunden. Es ist deins.»

«Wieso unter den Regalen? Du kannst mich nicht täuschen! Ich werde dir das Lügen austreiben! Bestehlen wolltest du mich, du ...»

«Nein, Herr, ich schwöre es», sagte der Lehrling. «Geh und zähle dein Geld. Du wirst sehen, dass ich die Wahrheit sage.»

Der Alte tat es. Er holte sein Geld hinter dem Ziegelstein hervor und sah, daß keine Münze fehlte. Sprachlos vor Staunen sammelte er die Münzen auf, die der Lehrling, wie er behauptete, beim Fegen unter den Regalen gefunden hatte. Er konnte sich den Vorfall nicht erklären.

Den ganzen Tag über behielt er den Jungen scharf im Auge, aber es war nichts Verdächtiges an ihm, außer daß er beim Gehen sonderbar hüpfte und so laut und hell lachte, daß es klang, als ob der Wind durch die Türritzen pfiff.

Viele der Kunden kamen mit traurigen Gesichtern in den Laden. Sie baten den alten Ezequiel um Gnade, weil sie ihre Schulden nicht bezahlen konnten. Aber der Alte kannte kein Mitleid. Wenn sie das Geld nicht aufbringen konnten, nahm er ihre Läden, ihre Felder, ihre Tiere oder ihre Möbel in Zahlung. Und jedesmal rieb er sich die Hände und schnalzte mit der Zunge vor Vergnügen. Die Leute gingen verzweifelt davon, aber der alte Ezequiel hatte kein Erbarmen mit ihnen. Das alles beobachtete der Junge verstohlen.

Als es Mittag wurde, öffnete der Alte mit einem seiner Schlüssel das große Vorhängeschloß an dem Schrank, in dem er seine Lebensmittel aufbewahrte, und bereitete sich ein üppiges Mahl zu. Er war nämlich ein Schlemmer und auf sein eigenes Wohl ebensosehr bedacht, wie er zu anderen kleinlich und hartherzig war.

Er dachte bei sich, gleich würde der Lehrling kommen und ihn um etwas zu essen bitten, und sei es nur ein Stückchen Brot, und er wollte ihm antworten: «Nicht ein Krümelchen! Nach unserer Abmachung steht dir nur ein Schlafplatz unter der Treppe zu, nichts weiter. Wenn es dir nicht gefällt, geh nur. Ich habe dich nicht gerufen.»

Aber der Lehrling kam nicht herauf und bat um nichts. Erstaunt deckte der Alte den Tisch ab und stellte das Geschirr zusammen. Da hörte er Schritte auf der Treppe, und gleich darauf kam der Lehrling ins Zimmer und nahm ihm die Arbeit ab. Er trug das Geschirr hinaus, spülte es und stellte es sorgfältig in den Schrank. Dann machte er eine Verbeugung und fragte: «Was soll ich nun tun?»

«Du kannst jetzt die Kunden bedienen», sagte Ezequiel.

«Aber wehe dir, wenn du irgendwelche krumme Sachen machst!»

Der erste Tag ging zu Ende, und als es Zeit war, den Laden zu schließen, sagte der Lehrling: «Kann ich jetzt den Nachbarn meine Arbeit anbieten?»

«Geh nur», sagte der Alte. Er war sehr zufrieden mit dem Jungen und erstaunt über seine Klugheit und sein ordentliches Betragen. Da hatte er einen guten Fang gemacht, zu dem er sich beglückwünschen konnte. Aber um nicht aus der Übung zu kommen, sagte er barsch: «Punkt zwölf bist du zurück, wenn du nicht willst, daß ich dich auf die Straße werfe!»

Er war froh, daß der Lehrling fortging, denn um diese Stunde pflegte er seine Goldmünzen zu zählen und seine Abrechnungen zu machen, und daher war er lieber allein. Der Lehrling nahm den Besen über die Schulter und machte sich auf den Weg. Die Dorfstraße lag still und verlassen da. Ganz am Ende schimmerte ein schwaches Licht. Eine fröhliche Melodie pfeifend, ging er die Straße entlang, und die Melodie klang so seltsam, daß die Leute die Fenster öffneten und hinaussahen. Es kam fast nie mehr vor, daß jemand auf der Straße pfiff, denn alle quälten sich mit ihren Sorgen.

Als der Lehrling an der Fleischerei vorbeikam, tat sich über ihm ein Fenster auf. Ein Junge mit blondem Haar, der älteste Sohn des Fleischers, sah zu ihm hinunter und fragte: «Wer bist du?»

«Ich bin der Lehrling vom alten Ezequiel. Frag deinen Vater, ob ich ihm den Laden ausfegen soll. Ich verlange nicht viel dafür.»

«Was verlangst du?»

«Oh, nur ein kleines Stückchen Fleisch.»

Der Junge verschwand. Gleich darauf erschien er in der Ladentür. Er strahlte, weil ihm die Melodie, die der Lehrling pfiff, so gut gefiel.

«Komm herein», sagte er. «Mein Vater ist einverstanden. Er sagt, daß wir keinen Bissen zuviel haben, aber du tust ihm leid, weil der alte Ezequiel dein Lehrherr ist.»

Der Lehrling betrat den Laden, der dunkel und leer war, und machte sich an die Arbeit. Und während er fegte, hüpfte und tanzte er so lustig herum, daß der Sohn des Fleischers seine kleineren Geschwister rief; sie kamen alle im Nachthemd die Treppe herunter und setzten sich auf die untersten Stufen und sahen dem Lehrling zu.

Auf einmal gewahrten sie, daß das, was der Lehrling aus den Ecken und Winkeln fegte, sonderbar glänzte zwischen dem Besenstroh. Er kehrte es zu einem kleinen Häufchen zusammen und sagte: «Ruft euren Vater. Sagt ihm, daß ich etwas gefunden habe.»

Die Kinder taten es. Der Fleischer saß am Eßzimmertisch über seinem Rechnungsbuch und kam unwillig in den Laden: «Was zum Teufel willst du?» fuhr er den Lehrling an. «Man stört andere Leute nicht nach Feierabend! Ich habe schon genug getan, daß ich dir diese Arbeit aufgetragen habe. Ich hatte Mitleid mit dir, weil ich mir denken kann, daß du bei dem Alten vom Kramladen mehr Hunger leidest als eine Kirchenmaus.»

«Oh, Meister, ich bitte vielmals um Entschuldigung», sagte der Lehrling und machte eine tiefe Verbeugung. «Ich wollte Ihnen nur sagen, daß ich das hier in Ihrem Laden gefunden habe.»

Er zeigte auf das glänzende Häufchen. Der Fleischer bückte sich und sah es sich an. Dann rief er mit lauter Stimme: «Gold! Das ist ja Gold! Kommt alle her, wir haben Gold gefunden!»

Die Frau kam mit gelöstem Haar gelaufen, und die Kinder faßten sich an den Händen und hüpften im Kreis herum. Den Eltern liefen Freudentränen über die Wangen, und sie sagten: «Nimm du die Hälfte, du hast es gefunden.»

«Nein», antwortete der Lehrling. «Ich möchte nur ein Stückchen Fleisch.»

Die Frau band sich die Schürze um und kochte ihm ein so köstliches Mahl, daß die Kinder schnupperten und sagten: «Ist denn heute Weihnachten, Mutter?»

Der Lehrling mußte sich an den Tisch setzen, und sie brachten ihm sein Essen und sahen zufrieden zu, wie er sich's schmecken ließ. Nachdem er aufgegessen hatte, stand er auf, verabschiedete sich höflich, schwang sich den Besen wieder über die Schulter und ging davon.

Pfeifend wandte er sich dem Haus des Bäckers zu. Als die Bäckersfrau ihn hörte, öffnete sie das Fenster und sagte: «Wohin willst du, Junge, mit deinem großen Besen? Hör auf zu pfeifen, mein Mann ist vor lauter Sorgen ganz verzweifelt, und dein Pfeifen tut ihm weh.»

«Lassen Sie mich den Bäckerladen ausfegen», sagte der Lehrling. «Sie brauchen mir nur ein Stückchen Brot dafür zu geben. Ich bin der Lehrling vom alten Ezequiel.»

«Ach du liebe Güte!» sagte die Frau und hob die Arme. Und ihre Augen füllten sich mit Tränen. «Komm nur, komm herein, mein Junge, wenn du mit so wenig zufrieden bist. Armer Junge, ich möchte nicht in deiner Haut stecken! Komm herein, aber ganz leise, damit du meinen Mann nicht störst.»

Der Bäcker saß traurig in einer Ecke, den Kopf auf beide Hände gestützt, denn wenn er am nächsten Tag seine Schulden nicht bezahlen konnte, gehörte seine Bäckerei dem Krämer.

Der Lehrling fegte den Laden aus und kehrte am Ende wieder ein Häufchen Gold zusammen.

«Sehen Sie nur, was ich gefunden habe, Herr Bäckermeister!»
Der Bäcker und seine Frau brachten vor Überraschung kein Wort hervor. Schließlich hob die Frau die Arme und rief: «Gold! Das ist ja Gold! Wie hast du es gefunden, mein Junge? Wo ist es gelegen?»
«Da, irgendwo», antwortete der Lehrling.
«Dir gehört die Hälfte», sagte der Bäcker. Seine Stimme zitterte vor Freude, und er umarmte den Jungen. «Du hast mein Geschäft gerettet.»
«Nein, nein. Ich möchte nur ein Stück Brot haben. So war es abgemacht», antwortete der Junge und zwinkerte verschmitzt mit den Augen.
Sie gaben ihm einen Brotlaib, der so groß und schwer war, daß er ihn kaum tragen konnte. Sie mußten eine Schnur darum binden, so daß er sich das Brot über die Schulter hängen konnte. Als er fortging, hielten die Bäckersleute einander glücklich in den Armen. Sie dankten ihm und sagten, sie würden ihn immer lieben wie ihren eigenen Sohn, wenn sie einen bekommen hätten.
Von der Bäckerei ging der Lehrling zum Obsthändler, dann zum Schreiner, dann zum Schmied, dann zum Töpfer, dann zum Schneider, dann zum Schuster. Alle hatten Schulden bei dem alten Ezequiel, und alle waren verzweifelt, weil sie ihre Schulden nicht bezahlen konnten. Ihnen allen fegte der Lehrling den Laden aus, ohne mehr dafür zu verlangen als eine Apfelsine, eine Handvoll Sägemehl, drei Nägel, einen irdenen Suppennapf, ein Hemd, ein Paar Schnürbänder für seine Stiefel ...
Aber wenn er ihnen dann das Gold übergab, das er in ihren Läden zusammengekehrt hatte, überhäuften sie ihn mit Geschenken und gaben ihm mindestens doppelt so viel, wie er verlangt hatte. Punkt Mitternacht kam er zum Kramladen zurück, schwer bepackt, neu gekleidet und mit neuem Schuhwerk, so hübsch und sauber, so ordentlich gekämmt, daß er wie eine frisch geschnittene Nelke aussah. Er schleppte einen Schemel aus Olivenholz, einen großen Korb Apfelsinen, einen Krug von Öl, Kerzen und vieles mehr. Der Alte sah ihn verdutzt an.
«Was bringst du da?» fragte er.

«Das ist der Lohn für meine Arbeit», sagte der Junge.

Der Alte wunderte sich, daß der Lehrling kein Geld verlangt hatte, aber er hütete sich wohl, es zu sagen.

Beide legten sich schlafen. Der Alte in seinem weichen Bett und der Lehrling auf dem Fußboden unter der Treppe, den Kopf auf dem Sack mit dem Sägemehl und neben sich seine neuen Habseligkeiten.

Am nächsten Tag widerfuhr dem alten Ezequiel eine der größten und freudigsten Überraschungen seines Lebens. Ein Kunde nach dem andern kam in seinen Laden.

Als erster erschien in aller Frühe der Fleischer.

«Guten Morgen, Meister Ezequiel», sagte er. «Ich komme, um Euch alle meine Schulden zu bezahlen.»

Und damit warf er alles Geld, das er dem Wucherer schuldete, auf den Ladentisch. Der Alte war wie vom Donner gerührt, als er die Goldmünzen klirren hörte.

Nachdem der Fleischer ihm die Münzen hingezählt hatte, starrte der Alte ihn mit weit aufgerissenen Augen an.

«Ja, aber ... wie ist das möglich? Habt Ihr eine Erbschaft gemacht, lieber Freund?»

Der Fleischer kehrte ihm den Rücken und ging mit hocherhobenem Kopf aus dem Laden. Der Alte lief ihm nach bis an die Tür und sagte unter vielen Verbeugungen: «Nun, Ihr wißt ja, Meister, ich bin immer bereit, Euch zu helfen ...»

«Gott schütze uns vor Eurer Hilfe!» sagte der Fleischer.

«Ihr werdet mich nie wiedersehen, niederträchtiger Alter.»

Der Lehrling lachte hell auf, und der Alte drohte ihm mit der Faust.

«Kehr den Laden aus, du Nichtsnutz!» schrie er ihn an.

Der Junge tat es, und bald darauf rief er ihn: «Sieh, Herr, was ich gefunden habe!»

Dem Alten schlug das Herz höher. Wie ein junger Hirsch sprang er über den

Ladentisch, ohne an sein Rheuma zu denken. Er sah, wie er erwartet hatte, ein Häufchen Gold vor einem der Regale.

«Wo hast du es gefunden?» fragte er und stöhnte vor Behagen.

«Da!»

Er machte sich über das Gold her, stopfte es sich in die Taschen und stürzte die Treppe hinauf. Er war so verblüfft, daß ihm die Luft wegblieb.

Ein Weilchen später kam der Bäcker.

«Ich komme, um Euch alle meine Schulden zu bezahlen», sagte er.

Wie der Fleischer warf er die Goldmünzen auf den Ladentisch, und noch ehe der erstaunte Ezequiel sich von seinem Schrecken erholt hatte, sagte der Bäcker: «Da habt Ihr alles, was ich Euch schulde! Und nun werdet Ihr mich nie wiedersehen, habgieriger alter Bösewicht!»

Kaum war der Alte die Treppe hinaufgestiegen, um die Goldmünzen zu verstecken, hörte er abermals die Tür klingeln, und der Schreiner kam herein. Dann der Schneider, dann der Maurer, dann der Obsthändler, dann der Schmied, dann der Töpfer ... kurzum, alle seine Schuldner. Und er mußte so oft treppauf und treppab steigen, daß er zwölfmal seine Pantoffeln verlor und vor Aufregung zitterte wie ein Blatt im Wind.

Als der Tag zu Ende ging, war der Alte so unruhig und gereizt, daß es aussah, als würde er krank.

«Mach mir eine Tasse Lindenblütentee», sagte er zu dem Lehrling. «Ich lege mich zu Bett.»

Der Lehrling brühte dem Alten eine Tasse Tee und deckte ihn gut zu.

«Gehst du heute abend wieder bei den Nachbarn fegen?» fragte der Alte.

«Nein. Ich habe gestern genug verdient», sagte der Lehrling. Und er legte sich unter der Treppe schlafen.

Der alte Ezequiel tat fast die ganze Nacht kein Auge zu. Während er schlaflos dalag, sah er immer nur Goldmünzen vor sich, immer mehr, und sein Herz klopfte so heftig in seiner Brust, daß er sich mehrmals im Bett aufsetzen und nach dem Lehrling rufen mußte, damit er ihm ein Glas Wasser brachte.

Am nächsten Tag war die Überraschung noch größer. Nachdem der Lehrling gefegt und dem Krämer das übliche Häufchen Gold übergeben hatte, kam den ganzen Tag lang kein einziger Kunde in den Laden. Und am nächsten Tag auch nicht und am übernächsten auch nicht. Der habgierige Alte war verblüfft.

Am übernächsten Tag gingen seine Lebensmittelvorräte zu Ende. Er steckte ein wenig Geld in die Tasche, nahm einen Korb und ging ins Dorf, um einzukaufen. Denn da ihm niemand mehr etwas schuldete, gab ihm auch niemand mehr Waren oder Lebensmittel in Zahlung.

Zuerst ging er zum Fleischer. Als die Kinder ihn kommen sahen, riefen sie immer wieder: «Da kommt der böse Mann! Da kommt der böse Mann!»

Die Frau des Fleischers kam aus dem Haus und hob drohend den Besen. Sie verfolgte den Alten durch die ganze Straße und schrie: «Nicht um alles Gold der Welt bekommst du auch nur ein Stückchen Fleisch in meinem Laden. Fort, fort mit dir! Sieh zu, wo du deine Sachen kaufst, niederträchtiger Wucherer.»

Erzürnt und erstaunt, daß man ihn trotz seinem vielen Gold nicht mit Respekt behandelte, machte er sich auf den Weg zum Bäcker. Als der Bäcker ihn nur von weitem erblickte, verriegelte er schon die Tür der Bäckerei. Und die Bäckersfrau beugte sich aus dem Fenster und rief: «Fort, fort mit dir, Bösewicht! Geh fort von hier! Nicht um alles Gold der Welt bekommst du auch nur ein Gramm von unserem Brot!»

So begab er sich zum Obsthändler, und dort geschah das gleiche. Beim Kohlenhändler, beim Milchmann, beim Eierhändler ... Alle schlugen ihm die Tür vor der Nase zu und sagten: «Nicht um alles Gold der Welt verkaufen wir dir etwas, alter Wucherer!»

Er kehrte nach Hause zurück, und er war so verwirrt, daß er nicht wußte, ob er wach war oder träumte.

Er hatte bitteren Hunger. Da sah er den Lehrling: Er saß unter der Treppe und schnitt sich dicke Scheiben von seinem Brot ab, die er mit Genuß verzehrte.

«Gib mir von deinem Brot ab!» befahl der Krämer und drohte ihm mit dem Stock.

Der Junge gab ihm ein Stück, und der Alte verschlang es in Furcht und Zorn. Von da an wurde alles anders für den Alten vom Kramladen. Die Bewohner des Dorfes versammelten sich auf dem Marktplatz und besprachen untereinander, was mit ihm geschehen sollte. Sie schworen, daß keiner mehr den Laden des alten Ezequiel betreten würde. Und dank dem Gold, das der Lehrling in ihren Läden gefunden hatte, blühten ihre eigenen Geschäfte wieder auf.

Wie einst verkauften sie einander ihre Lebensmittel und Waren, ohne Habgier, und wie früher herrschte wieder Freude im Dorf.

Es wurde Frühling, und die Kinder gingen mit fröhlichem Geschrei zum Spielen an den Fluß hinunter. Sie kamen unter dem Fenster des Alten vorbei, der sich in Haß verzehrte. Und sicher wäre er Hungers gestorben, wäre nicht der Lehrling gewesen, der ihm von allem, was die Leute im Dorf ihm aus vollem Herzen schenkten, die Hälfte abgab.

Jeden Morgen kamen die Kinder, riefen nach dem Lehrling und sagten: «Komm, spiel mit uns am Fluß!»

Und unten am grün und goldenen Wasser gaben sie ihm Brot, Wein, Käse und Kuchen. Der Lehrling steckte heimlich die Hälfte von allem in seine Taschen, denn die Kinder sagten immer: «Iß es hier bei uns, sonst nimmt der böse Alte es dir weg.»

Der Krämer wurde krank, nicht so sehr vor Hunger, als vor Wut und Schmerz. Tag für Tag brachte der Lehrling ihm ein Häufchen Gold, aber der Alte besaß inzwischen solche Berge von Goldmünzen, daß er keine Freude mehr daran hatte, mit den Händen darüber zu streichen oder sie zu zählen.

Eines Morgens war er so schwach, daß er nicht mehr aufstehen konnte. Er rief dem Lehrling zu: «Mach mir eine Tasse Lindenblütentee!»

Da es Lindenblüten draußen in Hülle und Fülle gab und das Wasser von selbst aus der Erde hervorsprudelte, konnte der Lehrling ihm den Wunsch schnell erfüllen. Es war ein sonniger Frühlingsmorgen, und als er in das Zimmer kam, fand er den Alten so abgemagert und traurig vor, daß er es nicht mehr mit ansehen konnte, und er sagte: «Hast du die Lektion immer noch nicht gelernt, Meister?»

In diesem Augenblick kamen zwei Schwalben angeflogen und legten dem Alten Saatkörner aufs Fensterbrett. Mit zitternden Händen nahm er die Körner und schob sie sich in den Mund. Tränen traten ihm in die Augen, und er sagte: «Doch, ich habe begriffen, guter Junge. Man braucht das Geld, so wie die Welt nun einmal eingerichtet ist, aber das Geld ist nur das wert, was man dafür bekommt, und man darf es nicht um seiner selbst willen lieben.»

Und er weinte so sehr, dass sich von seinen Augen die Spinnennetze der Selbstsucht lösten, die ihn blind gemacht hatten.

Er umarmte den Lehrling und sagte: «Du bist der einzige, der sich meiner erbarmt hat. Ich bin so schlecht und böse gewesen, daß mir ganz recht geschehen ist. Ich habe es nicht besser verdient. Aber wer bist du? Wer hat dich zu mir geschickt?»

Der Lehrling antwortete: «Dass ich bei dir bin, verdankst du der einzigen guten Tat in deinem Leben. Vor langen Jahren bist du einmal an einer Müllgrube vorbeigekommen, wo ein paar Kinder einen alten Hampelmann verbrennen wollten, erinnerst du dich? Es war eine Holzpuppe. Die Haare waren von Motten zerfressen, sie hatte keine Augen mehr und nur noch ein Bein. Da hast du gesagt: ‹Warum wollt ihr das Püppchen verbrennen? Gebt es mir, ich kaufe es euch ab.› Du gabst ihnen ein paar Münzen und hast den Hampelmann mitgenommen. Du hast ihm ein neues Bein angeflickt, ihm neue Augen gegeben und ihn an die Wand gehängt.»

Jetzt erkannte der Alte ihn wieder. Das rote Haar, die übermütigen schwarzen Augen, die nichts anderes waren als zwei schwarze Bernsteinknöpfe.

«Du bist das Püppchen!» sagte er.

In diesem Augenblick flogen die Schwalben zwitschernd davon. Eine Wolke verdeckte die Sonne, und der alte Mann schloß die Augen. Als er sie wieder aufschlug, hielt er in seinen Händen das alte Holzpüppchen, und es sah ihn mit seinen schwarzen runden Knopfaugen an. Er war so überrascht, daß er es kaum glauben konnte.

Da hörte er Schritte auf der Treppe, und gleich darauf kamen die Kinder der Nachbarn zu ihm herein. Das eine brachte ihm Brot, das andere Öl, ein drittes Milch … Und alle sagten: «Mein Vater hat erfahren, daß sie krank sind, und er verzeiht Ihnen.»

Sie setzten sich zu ihm, gaben ihm zu essen und pflegten ihn. Jeden Tag brachten sie ihm Blumen und erzählten ihm Geschichten. Der alte Mann hielt immer die Holzpuppe in seinen Händen, und er war glücklich und beschloß, ein neues Leben anzufangen.

So geschah es. Als es Sommer wurde, konnte der alte Mann wieder aufstehen. Die Kinder hatten seinen Laden aufgeräumt, und sie warteten schon auf ihn, weil sie mit ihm auf die Wiese gehen wollten. Alle Menschen im Dorf hatten ihm verziehen.

Auf der Wiese riß ihm plötzlich das kleinste der Kinder den Hampelmann aus der Hand und lief mit ihm davon. Der alte Mann fühlte einen großen Schmerz in der Brust und streckte die Hände nach seinem Püppchen aus. Aber als er sah, wie fröhlich der Kleine damit spielte, mochte er nichts sagen. Der Kleine lief zum Fluß hinunter, und als es Abend wurde, fragte ihn der alte Mann: «Nun, und die Puppe?»

«Verloren», antwortete der Kleine.

Da überkam den alten Mann eine große Müdigkeit, aber es war eine angenehme, süße Müdigkeit. Er schloß die Augen und sagte: «Ich möchte den Laden nicht mehr haben, ich schenke ihn euch.»

Von da an wetteiferten alle Nachbarn miteinander: Jeder wollte ihn bei sich im Hause haben. Und der alte Mann verteilte nach und nach all sein Geld und wollte für sich selbst nichts übrig behalten. Alle nannten ihn Großvater, und er verbrachte in jedem Haus des Dorfes einen Tag, und überall wurde er gut versorgt und reich beschenkt.

Die Kinder liebten ihn und gingen mit ihm auf die Wiese. Und im Herbst saßen sie mit ihm zusammen am Herdfeuer. Er war glücklich und zufrieden, aber er konnte die Holzpuppe nicht vergessen, und manchmal seufzte er leise, wenn er an sie dachte.

Der Herbst verging, es wurde Winter, dann Frühling, dann Sommer ... Und als es wieder Herbst war, ging der alte Mann eines Tages zum Fluß hinunter und setzte sich ans Ufer. Er betrachtete das Wasser, das in der Sonne glitzerte. Die Blätter der Bäume hatten sich rot und golden gefärbt und glänzten so sehr, daß sie ihn blendeten. Da sah er plötzlich den Lehrling vor sich, und der Junge streckte ihm die Hand entgegen.

«Oh, da bist du ja!» sagte der alte Mann glücklich. Und er ließ sich von ihm einen leuchtenden Pfad entlang führen, auf dem er nie wieder umkehren wollte.

H. G. Wells

Der Zauberladen

Den Zauberladen hatte ich schon oft von ferne gesehen. Ein- oder zweimal war ich an dem Schaufenster mit den Zauberbällen, Zauberhennen, Wundertüten, Bauchrednerpuppen und Kartenspielen, denen man nichts Ungewöhnliches ansah, vorbeigegangen. Aber nie wäre ich auf die Idee gekommen einzutreten. Bis Gip mich eines Tages zum Schaufenster zog und sich so aufführte, daß ich einfach hineingehen mußte.

Ehrlich gesagt, hatte ich gar nicht gewußt, daß es hier einen richtigen Laden gab.

«Wenn ich reich wäre», sagte Gip, «würde ich mir das dort kaufen. Und das da auch.» «Das dort» war «das schreiende Baby, sehr menschlich» – und «das da» schien ein anderer geheimnisvoller Trick zu sein und hieß, wie eine Karte versicherte: «Kauf mich und überrasch deine Freunde.»

«Alles verschwindet unter einer der Tüten», sagte Gip. «Das habe ich in einem Buch gelesen.»

«Es sind noch knapp hundert Tage bis zu deinem Geburtstag, Gip», sagte ich und legte die Hand auf die Türklinke.

Gip antwortete nicht, aber sein Griff um meinen Finger wurde immer fester, und so kamen wir in den Laden.

Das war wirklich kein gewöhnlicher Laden. Es war ein Zauberladen. Deshalb überließ Gip mir das Gespräch. Wenn es nur um Spielzeug ging, pflegte er selbst zu verhandeln.

Der Laden war klein, eng und ziemlich dunkel. Als wir die Tür zumachten, bimmelte eine Glocke kläglich.

Einen Augenblick standen wir allein da und schauten uns um. Auf der Glasplatte des niedrigen Ladentisches lag ein Tiger aus Pappmaché. Ein ernster Tiger mit freundlichen Augen, der mit dem Kopf wackelte. Daneben lagen ein paar Kristallkugeln, eine Porzellanhand mit Zauberkarten und ein Zauberhut, der offen seine versteckten Sprungfedern zeigte. Auf dem Boden standen mehrere Zauberspiegel: In dem einen wurde man lang und dünn, im zweiten schwoll der Kopf an und verschwanden die Beine, im dritten sah man kurz und dick wie ein Damestein aus. Während wir darüber lachten, kam ein Mann herein, der Besitzer des Ladens.

Plötzlich stand er hinter dem Ladentisch – ein blasser, dunkler Mann. Sein eines Ohr war größer als das andere. Er hatte ein Kinn wie eine Schuhkappe.

«Womit kann ich dienen?» fragte er und spreizte die langen Finger auf der Glasplatte.

«Ich möchte meinem Sohn ein paar einfache Zaubertricks kaufen», antwortete ich.

«Zaubertricks?» fragte er. «Einen Zauberkasten oder ein Zauberbuch?»

«Haben Sie etwas Lustiges?» fragte ich.

«Hm», sagte der Ladenbesitzer und kratzte sich am Kopf, als müsse er nachdenken. Dann holte er eine Glaskugel von seinem Kopf herunter. «Etwas in der Art?» fragte er und hielt sie uns hin.

Die Wirkung war verblüffend. Ich hatte den Trick schon gesehen. Er gehörte zu den üblichen Nummern eines Zauberers.

«Das ist gut», sagte ich und lachte.

«Nicht wahr?» entgegnete der Mann.

Gip streckte die Hand nach der Kugel aus; aber da war keine Kugel mehr.

«Sie ist in deiner Tasche», sagte der Ladenbesitzer, und dort war sie auch.

«Wieviel kostet das?» fragte ich.

«Für die Glaskugeln berechnen wir nichts», antwortete der Ladenbesitzer. «Wir bekommen sie umsonst.»

Dabei klaubte er eine andere aus seinem Ellenbogen. Er holte noch eine hinten aus dem Kragen und legte sie zu den anderen auf den Ladentisch. Gip musterte seine Glaskugel, dann glitt sein Blick über die andern, und schließlich sah er den Mann fragend an.

Er lächelte und sagte: «Die kannst du auch noch haben.»

Gip überlegte eine Weile, steckte die Kugeln ein und hielt sich wieder an meiner Hand fest.

«Du gehörst zu der richtigen Sorte Jungen», sagte der Ladenbesitzer und lächelte wieder. «Nur ein Junge von der richtigen Art kommt durch diese Tür.»

Und wie zum Beweis seiner Worte polterte es draußen, und eine dünne, quietschende Stimme rief leise: «Ich will da rein, Vati. Ich will da rein!»

Und dann hörten wir die Stimme eines erschöpften Vaters: «Es ist geschlossen, Edward!»

«Aber nein», sagte ich.

«Doch, mein Herr», sagte der Ladenbesitzer, «für solche Kinder schon.» Als er das sagte, betrachteten wir den anderen Jungen einen Moment: ein kleines, blasses Gesicht, blaß von Süßigkeiten und von zu vielem Essen, verzerrt von schlechter Laune – ein rücksichtsloser kleiner Bursche, der an die verzauberte Fensterscheibe hämmerte.

«Es geht nicht, mein Herr», sagte der Ladenbesitzer, als ich einen Schritt zur Tür hin machte. Schon wurde das Kind heulend weggetragen.

«Wie bringen Sie das fertig?» fragte ich und atmete auf.

«Zauberei», antwortete der Ladenbesitzer mit einer nachlässigen Handbewegung. Farbige Funken sprühten aus seinen Fingern und verschwanden in den Schatten.

«Bevor du hereingekommen bist», sagte er zu Gip, «hast du gesagt, daß du gern eine von unsern ‹Kauf-mich-und-überrasch-deine-Freunde›-Schachteln haben möchtest.»

Gip nickte nur.

«Sie steckt in deiner Tasche.»

Und während er sich über den Ladentisch beugte, holte er etwas aus meiner inneren Jackentasche. «Das war das verschwundene Ei», sagte er.

Er packte beides ein, dazu noch das «schreiende Baby, sehr menschlich». Dann gab er Gip die Pakete.

Da merkte ich, daß sich in meinem Hut etwas bewegte, etwas Weiches, Lebendiges. Ich erschrak und schlug es weg. Eine zerzauste Taube fiel heraus, lief über den Ladentisch und versteckte sich in einer Pappschachtel hinter dem Papptiger.

«So was!» sagte der Ladenbesitzer. «Ein leichtsinniger Vogel, und so wahr ich lebe, – am Nisten!» Er schüttelte den Hut und ließ in seine ausgestreckte Hand zwei oder drei Taubeneier fallen, eine große Murmel, eine Uhr, etwa ein halbes Dutzend von den Glaskugeln und dann noch zerknittertes Seidenpapier, mehr und immer mehr. Dabei sprach er unaufhörlich davon, wie oft die Leute vergaßen, ihre Hüte innen so gut zu bürsten wie von außen. Das zerknitterte Papier stieg und schwoll auf dem Ladentisch immer höher, bis man den Ladenbsitzer fast nicht mehr sehen konnte und seine Stimme verstummte.

«Sind Sie fertig mit meinem Hut?» fragte ich nach einer Pause.

Keine Antwort.

Ich starrte Gip an, und Gip starrte mich an.

«Ich glaube, wir müssen jetzt gehen», sagte ich.

«Können Sie mir sagen, wieviel das alles kostet?»

Keine Antwort.

«Hören Sie», sagte ich lauter, «ich möchte die Rechnung haben. Und meinen Hut.»

Es war, als hätte ich überhaupt nicht gesprochen.

«Schauen wir einmal hinter dem Ladentisch nach, Gip», sagte ich. «Er macht sich über uns lustig.»

Ich führte Gip um den Papiertiger herum, der mit dem Kopf wackelte. Und wer war hinter dem Ladentisch? Überhaupt niemand! Nur mein Hut lag am

Boden und ein ganz gewöhnliches weißes Zauberkaninchen mit langen Ohren. Ich nahm meinen Hut. Das Kaninchen hüpfte mit ein paar ungeschickten Sprüngen aus dem Weg.

«Oh!» flüsterte Gip.

«Was ist denn, Gip?» fragte ich.

«Dieser Laden gefällt mir!»

«Mir auch», sagte ich, «wenn der Ladentisch sich nicht plötzlich so ausdehnt, daß man nicht mehr zur Tür hinauskommt ...»

«Möpchen!» sagte Gip und streckte die Hand nach dem Kaninchen aus. «Möpchen, zaubere Gip etwas vor!»

Seine Blicke folgten dem Kaninchen, als es sich durch eine Tür zwängte, die vor einem Augenblick bestimmt nicht dagewesen war. Dann ging die Tür auf, und der Mann, dessen eines Ohr größer als das andere war, erschien wieder. Er lächelte immer noch.

«Sie möchten gewiß unsern Ausstellungsraum sehen», sagte er und lächelte.

Gip zerrte mich an der Hand. Ich schielte zum Ladentisch, und wieder trafen meine Augen die des Besitzers. Langsam wurde mir die Zauberei ein wenig zu bunt.

«Wir haben nicht mehr viel Zeit», sagte ich, aber bevor ich den Satz zu Ende sprechen konnte, befanden wir uns im Ausstellungsraum.

«Alle Waren sind von gleicher Qualität», sagte der Ladenbesitzer und rieb sich die Hände. «Und alles von bester Qualität. Es gibt hier nichts, was nicht echte Zauberei ist.» Und dann fragte er Gip: «Siehst du hier etwas, was du haben möchtest?»

Es gab viel, was Gip gefiel. Er betrachtete den erstaunlichen Mann mit einer Mischung von Vertrauen und Achtung. «Ist das ein Zauberschwert?» fragte er.

«Ein besonderes Zauberschwert. Es krümmt sich nicht, es bricht nicht, und man kann sich nicht damit in die Finger schneiden. Es macht den Träger unbesiegbar. Je nach Größe eine halbe Krone bis sieben Schilling und sechs

Pence. Die Rüstungen auf den Ausschneidebogen sind für junge fahrende Ritter sehr nützlich – Schild, Flügelsandalen und Tarnkappe.»

«Oh, Vater!» seufzte Gip.

Ich versuchte, den Preis herauszukriegen. Aber für den Ladenbesitzer war ich Luft. Er beschäftigte sich ausschließlich mit Gip und begann ihm seinen ganzen verwünschten Kram zu zeigen.

Ich schlenderte hinter ihnen her, sprach sehr wenig, aber ich behielt diesen Taschenspieler genau im Auge. Der Ladenbesitzer zeigte ihm Zaubereisenbahnen, die ohne Dampf oder Uhrwerk liefen, wenn man die Signale stellte. Dann holte er ein paar Schachteln mit Bleisoldaten, die alle lebendig wurden, wenn man den Deckel abhob und ein bestimmtes Wort sprach. Ich selbst habe keine feinen Ohren, und außerdem war das Wort ein richtiger Zungenbrecher, aber Gip konnte es sofort.

«Bravo!» sagte der Ladenbesitzer, legte die Soldaten in die Schachtel zurück und gab sie Gip. «Jetzt bist du an der Reihe.»

Und schon hatte Gip sie alle wieder lebendig gemacht.

«Wollen Sie diese Schachtel?» fragte der Ladenbesitzer.

«Wir nehmen diese Schachtel», sagte ich. «Es sei denn, Sie verlangen zuviel dafür.»

«Du liebe Güte! Nein!» Der Mann beförderte die kleinen Bleisoldaten in die Schachtel zurück, klappte den Deckel zu, schwenkte die Schachtel durch die Luft, und schon war sie eingepackt, verschnürt und mit Gips Namen und Adresse versehen. Der Ladenbesitzer lachte über meine Verblüffung. «Das ist Zauberkunst!» sagte er.

Dann zeigte er Gip allerlei Tricks, höchst eigenartige Tricks. Die Art, wie er sie vorführte, war noch eigenartiger. Er erklärte jeden genau, und jedesmal nickte mein Sohn mit dem Kopf. Ich paßte nicht besonders auf. «Hokuspokus!» sagte der Zauberladenbesitzer, und dann kam das klare, leise «Hokuspokus» des Jungen. Erst jetzt begriff ich, wie ungeheuer merkwürdig dieser Ort war. Alles war seltsam, die Zimmerdecke, der Fußboden, die Stühle. Ich hatte das Gefühl, daß sie zur Seite wichen und sich bewegten, wenn ich sie einen Moment aus den Augen ließ. Schnell drehte ich mich zu Gip und dem Ladenbesitzer um. Sie flüsterten miteinander und beobachteten mich. Gip stand auf einem kleinen Schemel. Der Mann hielt so etwas wie eine große Trommel in der Hand.

«Verstecken, Papi!» rief Gip. «Du bist dran!»

Bevor ich ihn hindern konnte, hatte der Ladenbesitzer auf die große Trommel geschlagen – direkt über Gip.

Mir war sofort klar, was jetzt kommen mußte.

«Weg damit!» schrie ich. «Sie erschrecken den Jungen! Weg damit!»

Der Ladenbesitzer mit den ungleichen Ohren hielt mir die große Röhre hin, um zu zeigen, daß sie leer war. Und der kleine Schemel war auch leer. Gip war spurlos verschwunden.

Ich streckte die Hand aus, um den Ladenbesitzer zu packen, aber er machte eine geschickte Bewegung. Ich faßte ins Leere. Ich griff noch einmal nach ihm. Er stieß eine Tür auf, um zu fliehen.

«Halt!» rief ich. Er lachte und wich zurück. Ich sprang ihm nach – in pechschwarze Finsternis.

«Bums!»

«Du liebe Zeit! Ich hab' Sie nicht kommen sehen, Sir!»

Ich stand mitten auf der Regent Street und war mit einem Mann zusammengeprallt, der offenbar auf dem Weg zur Arbeit war. Und etwa einen Meter von mir entfernt stand Gip. Ein etwas verwirrter Gip.

Er trug vier Pakete im Arm und griff gleich wieder nach meiner Hand.

Eine Sekunde lang war ich ziemlich verdattert. Ich schaute mich nach der Tür des Zauberladens um. Sie war nicht mehr da. Es gab keine Tür, keinen Schaukasten, nichts.

Ich tat das einzig Vernünftige. Ich trat an den Randstein und winkte mit dem Schirm ein Taxi her.

Als es hielt, fiel mir gerade noch meine Adresse ein. Dabei spürte ich etwas Ungewohntes in meiner Jackentasche und entdeckte eine Glaskugel. Ich warf sie auf die Straße. Gip sagte nichts. Eine Weile sprach keiner von uns.

«Papi», sagte Gip endlich, «das war ein guter Laden!»

Jetzt erst überlegte ich, wie sich wohl die Sache auf ihn ausgewirkt hatte. Aber Gip war ausgesprochen zufrieden, und im Arm hielt er vier Pakete.

Verflixt, was mochte da nur drin sein?

«Hm», sagte ich, «kleine Jungen können nicht jeden Tag in solche Läden gehen.»

Vielleicht aber war die Geschichte gar nicht so schlimm?

Doch erst als wir die Pakete öffneten, war ich wirklich davon überzeugt. In drei Paketen lagen Schachteln mit ganz gewöhnlichen Bleisoldaten. In dem vierten Paket schlief eine kleine lebendige weisse Katze – gesund und hungrig.

Das alles ist vor einem Jahr geschehen. Langsam komme ich zur Überzeugung, daß mit dem Zauberzeug alles in Ordnung ist. Das Kätzchen hat den Zauber, der allen jungen Katzen eigen ist, und die Bleisoldaten scheinen eine so zuverlässige Kompanie zu sein, wie sie sich ein Hauptmann nur wünschen kann.

Aber eines Tages fragte ich doch unumwunden: «Hättest du es gern, daß deine Soldaten lebendig würden und ganz von allein herummarschierten, Gip?»

«Aber das tun sie doch», antwortete Gip, «ich muß nur das Wort sprechen, das ich gelernt habe. Immer ehe ich den Deckel öffne.»

«Und dann marschieren sie allein herum?»

«Aber sicher, Papi. Sonst würde ich gar nicht mit ihnen spielen.»

Seitdem bin ich ein- oder zweimal überraschend in sein Zimmer getreten, wenn er mit den Soldaten spielte. Doch bis jetzt habe ich nichts Außerordentliches bemerken können.

Und dann ist da auch die Sache mit dem Geld. Ich habe die Gewohnheit, meine Rechnungen zu bezahlen. Ich bin schon mehrere Male die Regent Street hinauf und hinunter gegangen und habe mich nach dem Zauberladen umgesehen. Allmählich finde ich, daß ich das menschenmögliche getan habe. Sollen mir diese Leute doch die Rechnung schicken, wenn sie es für richtig halten. Wer sie auch sein mögen: Sie kennen ja Gips Namen und Adresse.

E. E. Cummings

Der Elefant und der Schmetterling

Es war einmal ein Elefant, der war so faul, daß er den lieben langen Tag nichts tat.
Er lebte in einem kleinen Haus weit weg, ganz am Ende eines gewundenen Weges.
Dieser Weg schlängelte sich vom kleinen Haus des Elefanten hinunter und immer weiter hinunter. Er endete schließlich im grünen Tal, wo ein anderes kleines Haus stand.
Dort wohnte ein Schmetterling.
Eines Tages saß der Elefant in seinem kleinen Haus, schaute zum Fenster hinaus und tat sonst gar nichts. Ihm war so wohl dabei; denn Nichtstun war seine Lieblingsbeschäftigung.
Aber als er so hinausschaute, sah er jemanden den kleinen gewundenen Weg heraufkommen, gerade auf sein kleines Haus zu. Da riß der Elefant seine Augen weit auf und wunderte sich.
«Wer kann das sein, der den kleinen gewundenen Weg herauf spaziert, gerade auf mein kleines Haus zu?» fragte sich der Elefant.
Aber es dauerte nicht lange, da bemerkte er, daß es ein Schmetterling war, der da gemütlich den Weg herauf gaukelte.
«Du meine Güte!» sagte der Elefant zu sich, «ob er wohl mich besucht?»
Als der Schmetterling näher und näher kam, wurde der Elefant immer aufgeregter. Jetzt kam der Schmetterling schon die kleinen Stufen zu seinem kleinen Haus herauf, und schon klopfte es ganz sachte an der Türe.
«Ist da jemand drin?» fragte der Schmetterling.
Wie freute sich da der Elefant; aber er wartete noch ab.

Da klopfte der Schmetterling wieder mit seinen beiden Flügeln gegen die Türe, ein wenig kräftiger schon, aber immer noch sehr sanft.
«Wohnt hier jemand?»
Vor lauter Aufregung brachte der Elefant keinen Ton hervor. So freute er sich.
Da klopfte der Schmetterling ein drittes Mal gegen die Türe, dieses Mal ziemlich kräftig, und fragte: «Ist da niemand zu Hause?»
Dieses Mal sagte der Elefant: «Doch, ich bin zu Hause.»
Da schaute der Schmetterling durch die Türe hinein: «Wer bist du denn?»
Der Elefant schaute zur Türe hinaus und sagte: «Ich bin der Elefant, der den ganzen Tag über nichts tut.»
«Oh», machte der Schmetterling. «Darf ich mal hineingehen?»
«Ja, warum nicht?» meinte der Elefant und lachte, weil er sich so riesig darüber freute.
Da stieß der Schmetterling mit seinen Flügeln die Türe auf und flatterte hinein.
An dem gewundenen Weg wuchsen sieben Bäume. Als der Schmetterling mit seinen Flügeln die Türe aufstieß und in das kleine Haus des Elefanten eintrat, sagte der eine Baum zum anderen Baum: «Gleich wird es regnen.»
«Naß wird der Weg und herrlich riechen», sagte der eine Baum zum anderen Baum.
«Gut für den Schmetterling, daß er im kleinen Haus des Elefanten ist. Da werden seine Flügel nicht naß.»
Und der kleinste Baum sagte: «Ich spüre schon den Regen.»
Wirklich, während der Schmetterling und der Elefant im kleinen Haus am gewundenen Weg miteinander redeten, begann sachte Regen zu fallen.
Der Elefant und der Schmetterling sahen zum Fenster hinaus. Sie fühlten sich sicher und zufrieden. Der gewundene Weg aber wurde ganz naß und begann herrlich zu duften, gerade so, wie es der dritte Baum vorausgesagt hatte.

Aber bald hörte es auf zu regnen. Da drückte sich der Elefant ganz sanft an den kleinen Schmetterling und fragte: «Hast du mich auch ein kleines bißchen lieb?»

Da lächelte der Schmetterling und sagte: «Nein, ich habe dich sehr lieb.»

«Da bin ich aber froh», meinte der Elefant.

«Vielleicht sollten wir einen kleinen Spaziergang machen, du und ich. Der Regen hat aufgehört, und der Weg duftet herrlich.»

«Ja, aber wohin sollen du und ich denn gehen?» fragte der Schmetterling.

«Wir können den kleinen gewundenen Weg hinunter und hinunter gehen, bis dorthin, wo ich noch nie gewesen bin», sagte der Elefant zum Schmetterling. «Gut, ich komme gerne mit dir. Aber komm jetzt durch die kleine Tür, die Stufen hinunter.»

So traten sie zusammen aus dem kleinen Haus. Der Elefant drückte sich sanft an den Schmetterling. Da sagte der kleinste Baum zu den sechs großen Bäumen: «Der Schmetterling hat den Elefanten gern und der Elefant den Schmetterling. Ich freue mich so! Sie werden sich immer lieb haben.»

Nun ging der Elefant mit dem Schmetterling den kleinen gewundenen Weg hinunter.

Und die Sonne schien nach dem Regen. Der gewundene Weg duftete nach Blumen. Ein Vogel sang im Strauch, und alle Wolken zogen vom Himmel weg.

Als sie zum Haus des Schmetterlings kamen, das ganz unten im grünen Tal stand und das jetzt so grün war wie nie zuvor, fragte der Elefant: «Ist das dein Häuschen?»

«Ja», sagte der Schmetterling, «hier wohne ich.»

«Darf ich in dein Häuschen hineingehen?» fragte der Elefant.

«Ja», sagte der Schmetterling, und der Elefant stieß mit dem Rüssel ganz behutsam die Türe auf.

Sie traten in das Häuschen.

Da drückte sich der Elefant ganz zart an den Schmetterling, und der Schmet-

terling fragte: «Warum bist du früher nie ins grüne Tal heruntergestiegen, bis hierher, wo ich wohne?»

«Weil ich faul war und den lieben langen Tag nichts tat», antwortete der Elefant. «Aber jetzt weiß ich, wo du wohnst. Jetzt komme ich jeden Tag den kleinen gewundenen Weg herunter und besuche dich, wenn ich darf.»

Da setzte sich der kleine Schmetterling dem Elefanten auf den Rüssel und flüsterte: «Komm nur! Ich hab' dich lieb.»

Von diesem Tag an trottete der Elefant jeden Tag den kleinen gewundenen Weg hinunter, den Weg, der so herrlich duftete, vorbei an den sieben Bäumen, um den kleinen Schmetterling zu besuchen.

Und sie hatten sich immer lieb.

José de Espronceda

Das Holzbein

Ich werde euch hier von dem schrecklichsten und zugleich wundersamsten Fall erzählen, den man sich vorstellen kann, von einem Fall, bei dem sich jedem die Haare sträuben und Schauder über den Rücken laufen, der den Geist lähmt und selbst den Verwegensten einschüchtert. Dieser Fall wird nicht in Vergessenheit geraten, solange die Erinnerung an das unermeßliche Unheil, das einen Unglücklichen ereilte, von Generation zu Generation überliefert wird. Ihr Hinkenden, lernt von dem fremden Schicksal und lest aufmerksam diese Geschichte, die ebenso wahr wie mitleiderregend ist. Ich spreche zu euch oder, besser, zu allen, denn auf dieser Welt gibt es niemanden mit zwei gesunden Beinen, der nicht Gefahr liefe, das eine oder andere zu verlieren.

Vor rund fünfzig Jahren lebten in London ein Kaufmann und ein auf Holzbeine spezialisierter Handwerker; beide waren berühmt. Der Kaufmann dank seinem Reichtum, der Handwerker dank seiner außergewöhnlichen Fertigkeit in seinem Beruf. Seine Geschicklichkeit war so groß, daß die schnellsten und beweglichsten echten Beine die aus Holz gemachten beneideten, ja sie bewirkte sogar, daß die Holzbeine – zum Nachteil der echten – Mode wurden.

Nun geschah es, daß sich unser Kaufmann ein Bein so vollkommen brach, daß die Chirurgen keinen anderen Ausweg sahen, als es zu amputieren. Der Schmerz bei der Operation hätte ihn beinahe umgebracht, doch als er sich danach ohne Bein betrachtete, tröstete er sich mit dem Gedanken an den Handwerker, der ihn mit einem Holzbein in Zukunft vor ähnlichem Mißgeschick bewahren würde.

Sogleich ließ er Mr. Wood (dies war der Name des Handwerkers) zu sich kommen. Er erwartete ihn voller Ungeduld. Obwohl er sehr seriös, über vierzig und recht beleibt war, brachte ihn der Wunsch, an sich selber die Fertigkeit des Handwerkers auszuprobieren, ganz aus dem Häuschen.

Der Handwerker ließ nicht lange auf sich warten, denn der Bankier war reich und als großzügig bekannt.

«Mr. Wood», sagte er, «glücklicherweise muß ich heute Ihre Kunst in Anspruch nehmen.»

«Meine Beine», antwortete Mr. Wood, «stehen jedermann zur Verfügung.»

«Vielen Dank, aber ich brauche nicht Ihre Beine, sondern ein Holzbein.»

«Das ist es, was ich Ihnen anbiete», sagte der Handwerker, «denn meine eigenen, auch wenn sie aus Fleisch und Knochen bestehen, benötige ich noch eine Weile.»

«Ich finde es sehr merkwürdig, daß Sie, als anerkannter Künstler, der Beine machen kann, die nichts zu wünschen übrig lassen, noch dieselben Beine seit Ihrer Geburt benützen.»

«Hierüber gäbe es viel zu diskutieren, aber zur Sache. Sie brauchen ein Holzbein, nicht wahr?»

«Gewiß», sagte der vermögende Kaufmann, «aber glauben Sie nicht, daß ich mich mit irgendeinem Bein zufrieden gebe. Es muß ein Meisterwerk werden, ein Wunder der Kunst.»

«Aber sicher, ein Wunder der Kunst», wiederholte Mr. Wood.

«Ja, mein Herr, ein Wunderbein, koste es, was es auch wolle.»

«Ich bin dabei, ein Bein als kompletten Ersatz für Ihr verlorenes ...»

«Nein, ein besseres muß es sein.»

«Einverstanden.»

«Es soll sehr gut passen, wenig wiegen, und ich will es nicht bewegen müssen, das Bein soll mich bewegen.»

«Sie werden gut bedient sein.»

«Kurz gesagt, da ich schon in der Lage bin, mir eins aussuchen zu können, möchte ich ein Bein, das von alleine läuft.»

«Wie Sie wünschen.»

«Sie sind einverstanden, nicht wahr?»

«In drei Tagen», antwortete der Beinmacher, «bekommen Sie ein Bein, und ich verspreche Ihnen, daß Sie zufrieden sein werden.»

Sie verabschiedeten sich, und der Kaufmann gab sich den schönsten und schmeichelhaftesten Hoffnungen hin. Er malte sich aus, daß er innerhalb von nur drei Tagen im Besitz des besten Holzbeines von ganz Großbritannien sein würde. Unterdessen bastelte unser Künstler mit Hingabe an seiner Laufmaschine. Er arbeitete so versessen und mit so viel Geschick, daß er nach genau drei Tagen – wie versprochen – das Meisterwerk vollendet hatte. Er war mit seinem Werk voll und ganz zufrieden.

Ein Morgen im Monat Mai brach an. Es war der Tag, von dem sich der einbeinige Kaufmann die Erfüllung seiner phantastischen Wünsche versprach. Noch lag er im Bett und ahnte nichts von dem Unheil, das auf ihn lauerte. Die Zeit wurde ihm lang, er konnte es nicht mehr erwarten, das versprochene Bein anzuschnallen, und jedesmal, wenn er ein Klopfen hörte, pochte sein Herz zum Zerspringen. «Das wird es sein», sprach er zu sich selbst, doch vergebens, denn vor seinem Bein trafen das Milchmädchen, der Briefträger, der Metzger, ein Freund und tausend unwichtige Besucher ein.

Die Ungeduld unseres Helden wuchs, und er wurde so unruhig wie ein Verliebter, der auf den Schneider mit dem neuen Frack wartet, in dem er zu einer Verabredung gehen möchte und den Schneider für unzuverlässig hält. Aber unser Künstler hielt Wort.

Besser wäre allerdings gewesen, er hätte sein Wort nicht gehalten.

Endlich klopfte es an der Tür, und herein trat ein Geselle des Künstlers mit dem Holzbein in der Hand; das Bein schien fliehen zu wollen.

«Gott sei Dank!» sagte der ungeduldige Kaufmann. «Schauen wir uns dieses Weltwunder einmal an.»

«Da haben Sie es», sagte der Geselle. «Und glauben Sie mir, es ist das beste Bein, das der Meister in seinem Leben gemacht hat.»

«Das werden wir sehen.»
Er setzte sich auf den Bettrand, verlangte seine Kleider, zog sich frische Unterwäsche an und bat den Gesellen, ihm beim Anprobieren des Beines behilflich zu sein.
Das war bald geschehen.

Doch hier nun beginnt der unheimliche Teil der Geschichte.
Kaum war die Prothese festgeschnallt und der Kaufmann hatte sich erhoben, da begann das Holzbein, alle menschlichen Kräfte, die es aufzuhalten versuchten, mißachtend, von alleine zu laufen, so flink und so sicher, daß dem dicken Kaufmann nichts anderes übrig blieb, als ihm zu folgen. Vergeblich waren seine Hilferufe an die Diener, ihn aufzuhalten. Unglücklicherweise stand die Tür offen, und als die Dienerschaft kam, hatte der Arme schon die Straße erreicht. Einmal im Freien, wurde es unmöglich, seinen ungestümen Lauf zu hindern. Er flog mehr, als daß er lief. Ein heftiger Wirbelwind, ein Orkan schien ihn voranzutreiben. Vergeblich versuchte er, seinen Körper nach hinten zu stemmen, sich an den Gitterstäben festzuhalten und um Hilfe zu rufen. Sein Körper folgte dem heftigen Lauf des Holzbeines, und er befürchtete, gegen eine Mauer zu rennen. Versuchte er sich irgendwo festzuhalten, riskierte er, einen Arm zu verlieren; eilten die Leute auf seine Hilferufe herbei, war er bereits in der Ferne verschwunden. So gewaltig war die Kraft des künstlichen Gliedes. Und das Verrückteste war, daß er manchen Freund traf, der ihm zurief, doch stehenzubleiben. Ebensogut hätte man von ihm verlangen können, den Himmel mit Händen zu greifen.
«So ein seriöser Herr wie Sie», schrie ihn einer an, «fliehen in Unterhosen durch die Straßen. Pfui!»
Fluchend und schwörend deutete unser Kaufmann an, daß es ihm unmöglich sei, anzuhalten.
Manche hielten ihn für verrückt, manche machten den Versuch, ihn aufzuhalten, indem sie sich vor ihn stellten, wurden aber von dem wütenden Bein

überrollt, das dem armen Kaufmann solch einen Schurkenstreich spielte und ihn zu zahllosen Flüchen zwang.

Der Arme weinte verzweifelt und kam schließlich auf die Idee, zu dem Handwerker zu gehen, der ihm so viel Unglück zugefügt hatte.

Im Vorbeigehen klopfte er an dessen Tür. Als der Meister jedoch auf die Schwelle trat, um zu sehen, wer da sei, war der Bankier schon fluchend und mit der Faust drohend um die nächste Ecke verschwunden.

Als die Dämmerung hereinbrach, bemerkte der eilende Kaufmann, daß sein Bein, statt langsamer zu werden, an Tempo gewann. Er kam auf freies Gelände, und fast ohnmächtig und außer Atem schlug er den Weg zum Landhaus einer entfernt verwandten Tante ein. Die vornehme alte Dame trank gerade im Erker ihren Tee, als sie ihren Neffen kommen sah. Er kam mit solcher Eile zu ihr und schien so leichten Herzens, daß sie den Verdacht schöpfte, er habe den Verstand verloren. Dieser Verdacht nahm zu, als sie seine unsittsame Kleidung bemerkte. Als der Unglückliche vor ihr Fenster eilte, rief sie ihn an, ermahnte ihn ernsthaft, für einen Herrn von seinem Stande gehöre es sich nicht, sich in solcher Aufmachung zu zeigen.

«Auch Sie, Tante? Auch Sie?» klagte der fliehende Neffe.

Seitdem hat man den Kaufmann in London nicht mehr gesehen, und manche glaubten, er sei im Ärmelkanal ertrunken. Aber vor einigen Jahren berichteten Amerikareisende, daß er in den Wäldern Kanadas gesehen wurde. Wie ein Blitz muß er geflogen sein. Und vor kurzem hat man in den Höhen der Pyrenäen ein von einem Holzbein getragenes Skelett gesichtet. Es verbreitet Angst und Schrecken in der Umgebung.

Diesen Berichten gemäß setzt das wundersame Bein seinen Flug um die Erde mit unglaublicher Geschwindigkeit fort, es scheint nichts von seiner ursprünglichen Kraft verloren zu haben, ein wahres Perpetuum mobile.

Cecil Bødker

Der Tiger, der gar nicht da war

«Ob uns Onkel Emil wirklich etwas aus Afrika mitbringt, Lis?» fragte Tim, als sie im Bett lagen.
«Das wäre fein! Am liebsten hätte ich ein kleines Negermädchen. Kein anderes Kind in der ganzen Schule hat ein Negerkind als Schwesterchen», murmelte Lis schläfrig.
«Ich hätte lieber ein Löwenbaby», meinte Tim. «Oder noch besser einen Tiger.»
«Aber wie weiß man, ob er wirklich zahm ist? Stell dir vor, er beißt!»
«Na hör mal! Im Zirkus sind Tiger auch zahm», sagte Tim ärgerlich.
«Aber hier können sie keine Tiger zähmen.»
«Klar können sie's!»
«Und warum müssen Tiger im Käfig sitzen, wenn sie zahm sind und nicht davonlaufen?» Lis machte eine Pause. «Wenn nun ein Tiger zu uns kommt?» Ihre Stimme klang recht ängstlich.
«Bist du aber blöd!» rief Tim. «Hier ist doch kein Zirkus!»
«Vielleicht kommt aber einer mit vielen Wagen. Man hört einen Tiger nicht, wenn er herumschleicht. Er ist so leis wie eine Katze.» Lis flüsterte nur noch. Beide horchten nach draußen, wo der Wind in den Bäumen rauschte. Wenn sie sich anstrengten, würden sie vielleicht das Kratzen von Tigerpfoten hören.
«Wenn einer hierher kommt?»
Sie lauschten mit angehaltenem Atem.
«Da, ich höre einen!» flüsterte Lis aufgeregt.
«Glaubst du, daß man mit Vaters Luftgewehr Tiger erschießen kann?» fragte Tim. Ganz so fest klang seine Stimme auch nicht mehr.

«Ratten kann man jedenfalls damit schießen.»

«Aber Tiger sind viel, viel größer», meinte Tim.

«Und viel hungriger!» fügte Lis hinzu.

«Glaubst du nicht, daß er sich lieber im Walde etwas fängt?» fragte Tim fast unhörbar.

Sie lagen mäuschenstill da und horchten.

«Er kommt ans Fenster! Schnell, mach es zu!» jammerte Lis und biß in den Bettzipfel.

«Schließlich liegst du doch beim Fenster», meinte Tim.

«Ja, aber es ist deine Schuld, wenn's offen ist», klagte Lis. «Du hättest es zumachen sollen, denn du hast zuerst vom Tiger geredet und daß einer hierherkommen kann.»

«Das stimmt nicht!»

«Doch! Du hast gesagt, daß du einen Tiger haben willst.»

Lis sprang aus dem Bett und stürzte durch das dunkle Zimmer zur Tür. Tim folgte ihr auf den Fersen. Sie liefen über den Flur ins Wohnzimmer.

«Was ist denn mit euch los?» fragte Mutter.

Tim und Lis blieben stehen und blinzelten. Komisch: Hier war alles wie sonst!

«Draußen vor dem Fenster läuft ein Tiger herum», murmelten Tim und Lis.

«Nein, das stimmt doch nicht!» sagte Vater.

«Aber wir haben ihn gehört!»

«Ihr habt das nur geträumt.»

«Wir haben doch gar nicht geschlafen.»

«Wie sollte ein Tiger plötzlich hierherkommen?» fragte Vater.

«Vielleicht aus einem Käfig, der kaputtgegangen ist», meinten Tim und Lis mit großen Augen.

«Kannst du ihn nicht schießen?»

Einen Augenblick dachte Vater nach. «Doch», sagte er dann. «Ich glaube, ich werde den Tiger schießen.»

Und schon nahm er sein Luftgewehr, legte eine Patrone ein und ging in den Garten. Er schoß in die Luft.

«Ist der Tiger dagewesen?» fragten Tim und Lis, als er zurückkam.

«Nein!» sagte Vater, «der Tiger war nicht da.»

«Warum hast du dann geschossen?»

«Ich habe auf den Tiger geschossen, der gar nicht da war», sagte Vater. «Aber nun legt euch hin und schlaft!»

Graham Greene

Die kleine Lok

Die kleine Lok war ihr ganzes Leben lang nicht aus Klein-Schnarching hinausgekommen. Seit dem Tag, an dem sie im Maschinenschuppen hinter dem Haus des Gepäckträgers Pepi Packer zur Welt gekommen war, hatte sie noch nie eine Reise unternommen, die weiter führte als bis zu dem alten, verschlafenen Marktflecken Groß-Schnarching. Dort kreuzte die große Hauptlinie die kleine Nebenlinie.

Auf dieser Nebenlinie fuhr die kleine Lok hin und her, Tag für Tag, pünktlich auf die Minute. Man konnte die Uhr nach ihr stellen.

Wenn die alte Frau Packer, die Mutter des Gepäckträgers, die Rauchwolke über der Brücke auftauchen sah, sagte sie: «Es ist vier Uhr.»

Im Sommer, wenn es warm war, kamen oft Gäste, die von der Hauptlinie umstiegen und auf der Nebenlinie nach Klein-Schnarching fuhren. Wie oft hörte die kleine Lok sie dann sagen: «Was für eine schöne, friedliche Landschaft» und «Was für ein entzückendes verschlafenes Dorf!»

Aber der kleinen Lok war manchmal zum Heulen langweilig.

«Verschlafen», dachte sie. «Was die schon wissen! Klein-Schnarching schläft! Tief und fest!» Und so stand sie an einer Bahnschranke, blies Dampfwölkchen in die Luft und hing ihren Träumen nach. «Wenn ich doch nur einmal in die weite Welt hinaus könnte», dachte sie, «wo die großen Expreßzüge fahren.»

Eines Morgens war die kleine Lok sehr früh aufgewacht, während der Lokführer noch ganz fest schlief. Da sagte sie sich plötzlich: «Jetzt oder nie! Ich habe genug Kohlen im Kessel, bis ans Ende der Welt zu kommen.» Und sie sagte sich: «Ich bin für Abenteuer gemacht. Was ein Expreßzug kann, kann ich auch.»

Dann dachte sie an ihren warmen kleinen Maschinenschuppen und an Herrn

Pfeifer, den Lokführer, einen sehr netten Mann. «Soll ich?» paffte sie. «Soll ich nicht? Soll ich?»

Der Gepäckträger, der auch schon auf den Beinen war, wollte seinen Augen nicht trauen.

Das Fohlen, das seit Tagesanbruch auf der Weide herumtollte, wendete den Kopf und wieherte fröhlich: «Arme kleine Lok, die ist ja nicht schneller als eine Schildkröte.»

Der Igel, der eben erst aufgestanden war, sagte: «Ach du lieber Himmel, die flitzt ja dahin wie ein Vogel.»

Die Schildkröte saß beim Frühstück und hatte den Mund voll.

Mit jedem Dampfwölkchen schickte die kleine Lok einen Jubelruf zum Himmel: «Freiheit, Freiheit, Freiheit!»

Inzwischen hatte der Gepäckträger den Mann an der Sperre verständigt, der verständigte den Lokführer, welcher den Bahnhofvorsteher verständigte, und der telegraphierte und telephonierte nach Groß-Schnarching: «Stoppt die kleine Lok. Sie ist durchgebrannt.»

Zu spät. Die kleine Lok war frei. «Leb wohl, Nebenlinie, ich fahre jetzt dort, wo die großen Expreßzüge fahren.»

Sie fuhr nur vierzig Kilometer in der Stunde, was für einen Zug sehr langsam ist, aber gegen Mittag war ihr, als hätte sie schon Hunderte von Kilometern hinter sich. Sie wußte nicht, wo sie eigentlich war, und glaubte, sie würde bald am Ende Englands ankommen und das Meer sehen. Sie war durch Wiesen und über Hügel, durch Täler und Marschland und wieder über Hügel gefahren. Sie dachte: «Ach, wenn mich die Leute aus Klein-Schnarching jetzt sehen könnten!»

Einmal sah sie einen Expreßzug auf dem Nebengleis vorbeirasen und rief ihm zu: «Wie geht's, großer Kamerad?» Aber der Expreß fuhr so schnell, daß er die kleine Lok gar nicht bemerkte.

Die kleine Lok überquerte eine große Brücke und sah tief unten Dampfschiffe, die zum Meer hinunter fuhren.

Sie kam an einer Burg vorbei, wo vor vielen hundert Jahren ein König zum Tod verurteilt worden war. Die kleine Lok, die keine Ahnung von Geschichte hatte, hielt die Burg für eine neuartige Signalanlage. Sie beeilte sich, so schnell wie möglich daran vorbeizukommen, damit niemand sie aufhalten konnte.

«Kilometer, Kilometer, Kilometer», dachte die kleine Lok. Sie wurde allmählich ziemlich durstig, und manchmal konnte sie an nichts anderes mehr denken als an ihren schönen Wassertank und an all die Geschichten über Forscher, die in der Wüste verdurstet waren.

Als die Sonne zu sinken begann, bemerkte die kleine Lok, daß sie immer weiter in die dunklen, unheimlichen Berge hinaufkletterte. Hier war niemand mehr, der sie hätte sehen können, außer einem Adler, der hoch über dem Gipfel kreiste.

Inmitten dieser Einöde überfiel die kleine Lok Heimweh nach dem vertrauten Pfiff des Bahnwärters, nach dem Gehämmer der Streckenarbeiter und dem Tuten des kleinen Nebelhorns.

Hier wurde die Stille nur vom Geschrei der großen Raubvögel unterbrochen, das einzige Tuten …

… wer machte bloß diesen schaurigen Lärm direkt hinter ihrem Schornstein?

Ach, wie war sie erleichtert, als die Schienen endlich bergab führten und den Blick auf die weite Ebene freigaben. Aber sie ahnte ja nicht, welche Gefahren noch auf sie lauerten. Herr Pfeifer, ihr Lokführer, hatte manchmal von Bahnknotenpunkten gesprochen; aber der einzige Bahnknotenpunkt, den sie und Herr Pfeifer kannten, war Groß-Schnarching.

Glücklich, daß die dunkel drohenden Berge hinter ihr lagen, fuhr sie, «puff, puff», durch die Dämmerung auf die große Stadt Qualmhausen zu.

Zuerst war da nur der Geruch, den ihr der Abendwind zutrug, der Geruch von Ruß und Öl und Leim. Dann hörte sie Lärm, den Lärm von Hämmern, von kreischenden Bremsen und lautes Rufen. Und schließlich war da nur noch ein Durcheinander von gleißenden Lichtern, schwarzen, metallenen

Ungeheuern und Menschen ... Noch nie in ihrem Leben hatte die kleine Lok so viele hastende, lärmende Menschen gesehen ...

Von tödlicher Angst gepackt, schloß die kleine Lok die Augen.

Sie öffnete die Augen.

Niemand hatte der kleinen Lok je erzählt, daß es eine Welt wie diese gab. Sie glaubte, in eine Höhle von bösen Geistern geraten zu sein. Eine dröhnende Stimme, die aus dem Nichts zu kommen schien, wiederholte immer wieder dieselben geheimnisvollen Worte: «Der Nachtexpreß nach Schmutzstätten, Oberkreisch und Großdröhn fährt auf Bahnsteig drei ein.»

In Klein-Schnarching hatte es nie mehr als einen Bahnsteig gegeben, und in dem Gewirr von Schienen, Bahnsteigen und wild schreienden Menschen verlor die kleine Lok beinahe den Verstand.

Ein schriller Angstschrei kam aus ihrem Schornstein, und dann fuhr die kleine Lok schleunigst rückwärts. (Da sie auf Schienen stand, konnte sie sich natürlich nicht einfach umdrehen.)

Alle Signale standen auf Halt, aber die kleine Lok sah sie nicht einmal. Die Weichen schleuderten sie von einem Gleis auf das andere, bis ihr ganz schwindlig wurde. «Ach», dachte die kleine Lok, «warum habe ich Klein-Schnarching verlassen und meinen lieben Herrn Pfeifer und den guten Pepi Packer? Wenn ich sie doch noch einmal wiedersehen könnte! Aber ich bin ja viele hundert Kilometer weit weg! Ich habe mich verirrt, und nie, nie werde ich Klein-Schnarching wiedersehen.»

Am Himmel waren die Sterne aufgegangen, einer nach dem anderen, und sie winkten der kleinen Lok wie die Laternen eines Bahnwärters, dann erloschen sie allmählich, einer nach dem anderen. Die kleine Lok war völlig erschöpft.

Sie hatte nur noch ganz wenige Kohlen in ihrem Kessel. Wenn auch diese verbraucht waren, würde sie nicht mehr weiterfahren können.

Sie mußte dann einfach stehenbleiben, bis irgend jemand kam und sie auf ein Nebengleis schob – dort würde sie älter und älter werden, rostiger und rostiger, und dann würde man sie vergessen.

«Ach», dachte die kleine Lok traurig, «wenn ich nur wüßte, wie die neue kleine Lok aussieht, die sie nun auf der Linie von Klein-Schnarching einstellen werden. Ich wünschte, ich könnte sie davor warnen, davonzulaufen, wie ich davongelaufen bin.» Und der Dampf der kleinen Lok wurde zu Tränen, die über ihre Windschutzscheibe rannen.

«Rattadam, rattadam, rattadam ...», ächzte schwach ihre Kupplung.

«Puff, puff, puff ...», klopfte matter und matter ihr kleines Herz. Jetzt hatte sie nur noch eine Schaufel Kohle im Kessel.

«Wusch, wusch, wusch ...», was war das für ein Dröhnen und Rauschen, das da auf die kleine Lok zukam?

Es war der große Jock von Edinburgh, der berühmte schottische Expreß.

Er konnte gerade noch rechtzeitig bremsen, sonst wäre dies das letzte gewesen, was ihr von der kleinen Lok gehört hättet. «Aus dem Weg!» brummte er unwirsch, denn er war in großer Eile. «Was hast du auf meinem Gleis zu suchen?»

Die kleine Lok weinte und schluchzte und erzählte ihre Geschichte.

«Ach, du armes Ding», sagte der große Jock von Edinburgh, «komm, sei nicht traurig.»

Aber ich hab' mich doch verfahren und werde Klein-Schnarching nie wiedersehen.»

«Red keinen Unsinn», sagte Jock, «nach Klein-Schnarching sind es bloß fünfzehn Kilometer.»

«Aber ich hab' doch kein einziges Stück Kohle mehr.»

«Ich werde dich höchstpersönlich nach Hause schieben», sagte Jock. «Wir sind noch vor dem Frühstück dort.»

Und tatsächlich: Ehe die Uhr Zeit gehabt hatte, sieben zu schlagen, waren sie schon an der Brücke von Klein-Schnarching.

Als die kleine Lok sich umsah, wollte sie ihren Augen nicht trauen. Zwei winzige schwarze Gestalten riefen und winkten ihr zu – Herr Pfeifer und Pepi Packer.

«Leb wohl, meine tapfere kleine Kameradin», sagte der große Jock von Edinburgh.

«Ach, ich schäme mich ganz entsetzlich», sagte die kleine Lok.

«Kopf hoch», sagte Jock. «Du bist die mutigste kleine Lok, die Klein-Schnarching je hatte, und alle werden stolz auf dich sein.»

Und so war es auch. Der Bürgermeister gab einen Empfang, und die kleine Lok sollte eine Rede halten. Aber ihr Herz war so voll Freude, daß sie keine Worte fand, und so sagte sie nur:

«Puff, puff, puff!»

Vladislav Vančura

Kuba Kubikula, der Bär und der Bürgermeister

Zu dieser Zeit streifte der Bärentreiber Kuba Kubikula wieder einmal durch die Welt, und er hatte großen Ärger mit seinem Bären Kubula.

Der Bär war ein liederliches Ding und ein Leckermaul. Er wollte sich nicht kämmen, wollte sich nicht waschen, ging herum wie ein zerzauster Affe. Der Bärentreiber immer nur «Kubula hin, Kubula her» zu ihm, «Kubula Bruderherz». Aber wo denkt ihr hin, der Bär stand keine Weile still, o nein, er ließ sich das Maul abwischen, o nein, er ließ sich den Pelz nicht striegeln, o nein, und ließ sich nicht die Ohren putzen. Mit dem Essen war es mies, und von Baden war schon gar nicht die Rede. Kinder, wie viele Flöhe hatte Kubula! Ich muß schon sagen, tausend und noch einen obendrein. Da waren Nachtflöhe, selbstverständlich schwärzlich, und auch Tagflöhe, gelblich. Und der eine, der über tausend war, der war gesprenkelt und gab acht, daß die andern auch rechtzeitig schlafen gingen und rechtzeitig wieder aufstanden. Kubula kratzte sich immerfort.

«Was ist, Kubula, willst du dich immerfort kratzen?» sagte der Bärentreiber. «Ich will es dir schon beibringen! Die Kinder haben ja Angst vor dir, und keine Mutter erlaubt es, mit dir zu spielen!»

«Alles nur Gerede», antwortete der Bär, «alles Gerede, ich gefalle allen und jedem, daß du es nur weißt.»

Kuba Kubikula schüttelte den Kopf und sagte vor sich hin: «Dich leg' ich schon rein, mein Sohn. Du wirst noch sehen, was ich mit dir anfange: Ich mach' dir mit dem Bärengespenst Barbucha Angst.»

In dem Augenblick, da der Bärentreiber diese feine Idee hatte, ging es gegen sechs Uhr, und man mußte wohl ein Nachtlager finden. Es fror Stein und

Bein, und das gefiel Kubula natürlich. «Kuba Kubikula», sagte er, «laß uns bitte in den Wald gehen! Ich könnte dort auf einen Baum klettern und allerlei Katzenmusik machen. Ich spiele dir den Bienenzüchter und den Einsiedler vor, gelt? Willst du?» Und dabei klatschte seine Pranke auf den Hintern seines Freundes, und er sprang herum und rasselte mit der Kette wie ein Abc-Schütze. Aber Kuba Kubikula wollte und wollte nicht.

«Wo denkst du hin, mein Freund», sagte er zu dem Bären, «wir gehen jetzt in die Schmiede. Da schläft man wie im Himmel.» Der Bär wimmerte, so etwas dürfe gar nicht sein; er verbrenne sich dort nur seinen Pelz – und noch allerlei mehr. Aber es half nichts, sie gingen in die Schmiede.

Kubula wetzte herum und konnte um nichts in der Welt einschlafen. Da fuhr sich der Bärentreiber mit der Hand über das Kinn und sagte: «Jetzt ist es Zeit, mit dem Bärengespenst Barbucha anzufangen.» Er setzte sich schön zum Feuer, stützte den Rücken an den Amboß, legte sich Kubulas Kopf auf die Knie und begann, während er den ungezogenen Bären hinter den Ohren kratzte:

«Mein lieber Kubula, einmal wurde im Wald ein kleiner Bär geboren, und der kleine Bär hieß Mischa. Er war ein riesiger Schmutzian und Rutschepeter. Er ging zu spät ins Bett und redete einen Haufen dummes Zeug, bevor er einen Happen gegessen hatte. Am liebsten klaute er den lieben Bienen ihren Honig, und von dem Honig war er auch von Kopf bis Fuß verklebt. Seine Haare klebten zu Knäueln und Pinseln zusammen. Bei Gott, er machte allen Angst. Sein Vater wollte ihn kämmen, aber der Lausbub kletterte in eine Kiefer und wollte um nichts in der Welt herunterkommen. Was sollten sie tun, sie mußten das Bärengespenst Barbucha holen. Weißt du, wer Barbucha ist? Er ist ein Bärenspuk. Mein liebes Herzchen, Barbucha hat einen Hornissenkopf, Stacheln anstatt Krallen, und sein Pelz ist aus Rauch. Wohin Barbucha kommt, da gibt es weit und breit mächtigen Gestank, wie wenn Gras verbrennt; vor so einem Gestank fürchten sich natürlich die Bären, und sie niesen, daß es donnert; es wäre wohl besser gewesen, gar nicht von Barbucha zu reden, aber mit dem Lausbuben war nichts zu machen. Was sollten sein Vater und seine Mutter sonst tun? Sie nahmen ihn an den Pranken und riefen in den Wald hinein: ‹Barbucha, Barbucha, komm und hetz unseren Bengel! Komm, hol ihn dir! Ohne dich wissen wir keinen Rat mehr.› Dann sagten sie noch: ‹Blitzewitze! Blitzewitze!› Und als sie das zum drittenmal gesagt hatten, stand Barbucha vor ihnen. Und im ganzen Wald, lieber Kubula, verbreitete sich der bewußte Gestank.

Kubula begann zu zittern und sagte: «Oje, oje, Kuba Kubikula, mich packt die Angst. Du erfindest da Sachen, aber wenn man nur ein kleiner Bär ist, da kriegt man es eben mit der Angst. Im Walde würde ich mich nicht fürchten, aber hier stinkt es wahrhaftig nach diesem Barbucha.»

Aber Kuba Kubikula schwieg dazu und tat so, als ob er schliefe.

Es war neun Uhr, dunkel und Nacht. Naja, halt so, wie es Bären gern haben. Das wäre gut gewesen, nur loderte das Feuer in der Schmiede, und aus den glimmenden Kohlen stieg Rauch. Das gefiel Kubula nicht. Er stand auf, auf den Zehenspitzen ging er zu der Tür, und dort nickte er für ein Weilchen ein. Für ein kleines Weilchen nur, und schon stand er wieder auf, und schon konnte man wieder seine schlurfenden Krallen hören. Am Fenster blieb er stehen und starrte eine glühende Kohle an, bis ihm kleine Tränen über die Wangen rollten. Wieder schlief er ein und wieder schreckte er hoch; heute war er zu nichts gut. Schließlich legte er den Kopf auf die Vorderpfoten und nickte ein. Und wie er da döste, sieh mal an, es war kaum zu glauben, da ging sachte die Tür auf, und Barbucha kam herein. Schon stand er da! Kubula fuhr zusammen, er konnte kaum ein Wort hervorbringen.

«Blitzewitze», sagte er, «geh weg, Gespenst, geh zu dem bösen kleinen Bären, der die kleinen Vögel beißt! Geh auf der Stelle weg!»

Barbucha aber schüttelte den Kopf und meinte: «Nein, nein, Herzchen, soll ich mich jetzt mitten in der Nacht plagen? Die kleinen Bären schlafen bereits, und du solltest jetzt auch schlafen, du Pelztier. Mach Platz für mich am Feuer.»

«Das ist vielleicht gut», sagte der Bär, «du wirst doch nicht mit uns übernachten?»

«Ich will mit euch übernachten, ich will mit euch Suppe löffeln, ich will mit euch Milch trinken, ich will mit euch durch die Welt streifen und euch euer ganzes Leben lang nicht mehr verlassen. Jawohl, mein Liebling, das geht doch nicht, jemanden einfach erfinden und sich dann nicht weiter um ihn kümmern.»

Das alles sagte Barbucha viel schlimmer, aber er sagte es, wie er wollte, er war ja ein Gespenst. Als er mit seiner Rede fertig war, schmiegte er sich an Kubulas Brust, legte seine Beine über Kubula, um ihn schön warm zu halten, und schlief und schlief. Und sie schliefen alle, und sie schliefen wie die Murmeltiere.

Also, es lohnt sich nicht, Märchen zu erzählen!

Kuba Kubikula hatte es eilig. Gegen Mittag wollte er in die Stadt mit dem Namen «Kochlöffel-Töpfe» gelangen. Das war ein Ort am Ufer eines schönen kleinen Flusses. Es gibt auch Landkartenmacher, die lediglich von einem Bach reden; aber laßt sie nur plappern. Durch «Kochlöffel-Töpfe» fließt also der schöne mächtige Fluß «Entelein» und teilt das erwähnte «Kochlöffel-Töpfe» in zwei Hälften, ganz ähnlich wie die Mittelrille ein Brötchen teilt. In dieser Stadt herrscht ein durchtriebener Schultheiß namens Randa. Im ganzen genommen war er ein Tölpel; aber sein Doppelkinn und sein Bauch, das war schon etwas.

Er hielt sich, wie man so sagt, wie ein lahmer Hund. Auf dem Kopf trug er eine Pelzmütze, hoch wie ein Stiefel, und in der Hand trug er einen Knotenstock. Etwa um zehn Uhr pflegte der Schultheiß auf der Brücke zu spazieren, und im Augenblick, wo er die Mitte erreichte, begannen die Leute in «Kochlöffel» immer zu jammern und die Leute in «Töpfe» zu jubeln und ihre Mützen in die Luft zu werfen. So spazierte Randa bis zwölf Uhr hin und her. Je nachdem, wie es ihm beliebte zu gehen und wie es ihm beliebte zu wenden, brüllten also die Leute an einem Ufer vor Freude und jammerten die andern am anderen Ufer.

Aber, aber, wer wird hier jammern?

Die Lausbuben aus «Kochlöffel» und die Lausbuben aus «Töpfe» hatten an ihrem stolzen Schultheißen ihren Spaß und lachten ihn aus: «Seht nur, wie er die Füße hebt, wie er daherstolziert, die Nase hoch in der Luft, das fette kleine Kinn in den Kragen gedrückt und die Hände schön am Hintern gefaltet!»

Heute war schönes Wetter, darum spazierte der Schultheiß ein wenig länger als nötig. Donnerwetter, das hatte ihm wohl der Teufel zugeflüstert. Plötzlich machten sich alle Bengel aus dem Staub. Da hätte der Schultheiß vielleicht stampfen können und von einem Ufer zum anderen Ufer springen können, er hätte johlen und jaulen und wiehern können – niemand hätte es beachtet. Kein Mucks aus «Kochlöffel» und kein Mucks aus «Töpfe».

Alle Welt lief Kuba Kubikula, seinem Bären und Barbucha, dem Gespenst, nach. Randa, der Schultheiß im Dorf oder in der Stadt «Kochlöffel-Töpfe», stand mutterseelenallein auf der Brücke. Er hatte eine solche Wut, daß seine Nase zuckte, ja meiner Seel, sein ganzes Gesicht.

«Schau mal an!» rief er wütend wie ein Truthahn, «da braucht nur ein Bärentreiber mit einem Stotteraffen daherzulaufen, und schon rennt ihm alles nach! Der Teufel soll es den Schuhflickern und Lappenschneidern besorgen! Alle verdienen fünfundzwanzig auf den Hintern! Ei was, fünfundzwanzig. Fünfzig, und redlich gezählt! Ich zeig' es ihnen, auf diese Art ihren Schultheißen zu ehren! Kümmerte man sich nicht selbst um sich, würde man hier bald der Letzte vom Letzten sein, und nicht der Herr.»

Als sich der Schultheiß das alles richtig im Kopf zurechtgelegt hatte, ging er schnurstracks zu Kuba Kubikula. «Kuba Kubikula, woher hast du die Erlaubnis, in unserer Stadt mit einem Affen herumzuludern? Einen Bären könnte ich dir noch verzeihen, einen Affen verzeihe ich dir nie! Nimm die Grinsfratze unter deinen Mantel und verschwinde von hier! Raus, raus, raus!»

Kaum fertig mit seiner Rede, schob er den Bärentreiber mit dem Bären vor sich her, und da er schon so wütend war, versohlte er mit seinem Stock auch noch Barbucha den Hintern.

«Lieber Onkel», sagte Kuba Kubikula, «Gott weiß, daß ich nichts als ein gutes Mittagessen begehre, und der Bär denkt sowieso seit dem lieben Morgen an nichts anderes mehr. Zum Geier, was soll da anstößig sein? Warum stört Sie unser Appetit? Lassen Sie uns in Ruhe und stoßen Sie das Gespenst nicht, oder es richtet Sie, holla, derartig zu, daß Sie Ihre eigene Mutter nicht mehr wiedererkennt. Es ist schon komisch genug, daß Sie es überhaupt sehen, aber komisch hin, komisch her, ziehen Sie trotzdem nicht an seinem Schweif!»

Der Bärentreiber verstummte, und Barbucha, das Gespenst, begann gleich zu fauchen, wie ein Kater faucht, den die Windhunde auf einen Baum getrieben haben. Da holte der Schultheiß aus, und schnapp, hielt er Barbucha am Hals. Nein, am Hals nicht, an der Halshaut schnappte er sich das Gespenst, so, wie man die kleinen Katzen zu packen pflegt. Barbucha jaulte auf, und hopp, hopp, riß es sich aus seiner Hand und fiel blitzschnell über den Schultheißen, über seine Schultern, über seine Haare her. Der werte Herr hielt anstatt eines Pelzes eine Handvoll Rauch, es stank weit und breit, und der Rauch biß in die Nase. Na ja, das ginge gerade noch, aber die Stacheln, die waren noch viel schlimmer! Jawohl, wahrhaftig, schon steckten ihrer fünf im Kopf des Schultheißen, schön dicht nebeneinander.

Stellt euch nur vor, was für ein Tanz! Der Unselige keuchte und seufzte, heulte und jaulte, brüllte und grölte, und das alles machte er tüchtig und laut, bis allen die Ohren gellten.

«Um Gottes willen», schrie der Schultheiß, «um Gottes willen, um Gottes willen, ich verbrenne!»

Für die Lausbuben war das natürlich gerade das Richtige. Nicht daß sie böswillig und schadenfroh waren. Das nicht. Aber sie wieherten schon, wenn jemand auch nur den Mund spitzte.

Einer von ihnen – zufällig war es ein Musterknabe – blies die Tüte. Das war gelungen! Der verfluchte Bengel; damit hatte er das Richtige getan!

Denn die Feuerwehr hat, wie bekannt, ungeheuer feine Ohren. Kaum hatte sie die Tütentrompete wahrgenommen, rückte sie schon an! Der erste Feuerwehrmann schmiß den Löffel in die Ecke, der zweite sprang auf wie ein Wilder und verschüttete die Suppe über den ganzen Tisch, der dritte schnappte im Lauf nach einem Kuchen und verbrannte sich jämmerlich den Schlund, ein anderer setzte die Pickelhaube verkehrt auf und wäre zu seiner eigenen Schande auch so hinausgelaufen. Im letzten Augenblick faßte ihn seine Frau an der Hand.

«Vater», sagte sie, «sei nicht verrückt, das geht doch nicht, die Pickelhaube umgestülpt zu tragen, wo sie doch aus Eisen ist.»

Gottlob verständigten sich schließlich alle, brachten sich einigermaßen in Ordnung und rannten zur Brücke.

Sie nahmen Töpfe und Kannen und Fässer und Wasserbottiche und alles mit, womit man Wasser schöpfen konnte. Die Kerle keuchten ganz schön, als sie angekommen waren! Und das Höllengeschrei! Der eine wollte dies haben, der andere jenes, Schleißfeder meinte dies, Bleifeder lag ihm mit etwas anderem in den Ohren, die beiden rauften um einen Eimer und, der liebe Gott soll uns davor schützen, sie rissen einander fast entzwei!

So ging es damals zu, fünf Kleinbauern lagen auf dem Boden, zwei Großbauern hatten ihre Lederhosen zerrissen, eine Kleinbäuerin verlor ihre Perlenkette, und ein Grobian trat dem ersten Stadtrat auf die Hand. Das Durcheinander dauerte eine schöne Weile. Kubula fand alles ein bißchen albern und blinzelte seinem Bären zu. Mit Hilfe der Lausbuben schaukelten sie mit der Brücke, und weil es so nicht gehen wollte, nahmen sie eine Säge, sprangen hinunter auf die Eisfläche des Flusses und schnitten sachte die kunstvollen Pfeiler der kunstvollen Brücke durch. Zwei liebliche Zwillinge, übrigens richtig durchtriebene Lausbuben, halfen ihnen fleißig dabei.

Die Lehrer und unsere Mütter betonen immer, daß wir fremdes Eigentum nicht verderben sollen: «Kinderchen, nehmt nie eine Säge in die Hand, es soll euch gar nie einfallen, mit einem scharfen Gegenstand in der Hand herumzuspringen! Ihr sollt auch niemandem Angst machen, nie jemandem einen Stuhl unter dem Hintern wegziehen, wenn ein Mädchen sich gerade darauf setzen will!»

Unsere Freunde wußten das alles auch. Und doch haben sie die Brücke durchgesägt! Zum Kuckuck, waren das denn keine Strolche? Das wohl nicht. Es war eben allerhand los auf der Brücke! Die Nachbarn hatten sowieso vom Schultheißen die Nase voll und drängten und stießen sich so, daß niemand mehr von der Brücke wegkommen konnte. Und sie lachten! Der Bär, der Bärentreiber und die Zwillinge, die ihnen geholfen haben, lachten mit.

Und ausgerechnet, als das ganze Durcheinander seinen Höhepunkt erreicht hatte, begann die Brücke zu krachen, und sie stürzte mit einem riesigen Gepolter und allem Drum und Dran aufs Eis.

Dort unten gab es eine beträchtliche Schneewehe, und alle landeten darin wie in einem Federbett. Manchem kam der Schnee in die Ärmel, manche bohrten ihre Nasen in den Schnee, manche nahmen allerdings auch eine Nase voll und niesten und fluchten. Natürlich dachte niemand mehr an Feuer und Feuerlöschen.

«Die haben uns schön reingelegt», sagten später die Leute, aber solange sie es noch lustig fanden, wollten sie nicht Schluß machen und erfanden immer wieder neuen Jux und frische Schalkerei. Schließlich gingen die aus «Kochlöffel» und die aus «Töpfe» auf ihr Ufer, und es begann eine großartige regelrechte Schneeballschlacht. Kuba Kubikula und Kubula lachten, und die anderen wieherten. Es war ein fröhliches Durcheinander! Zum Schluß mußten jedoch der kleine Bär und sein Herr daran glauben. Die Leute mögen es nicht besonders, daß ein Tier sie auslacht. Was sollte mit dem armen Teufel von Bär nun geschehen? Er mußte doch wohl durchgeprügelt werden; ihm durfte man es nicht durchgehen lassen, den Herrn Schultheißen verhöhnt zu haben!

Wahrhaftig, kaum hatte sich der Wirrwarr ein bißchen gelegt, holte der Schultheiß die Polizei, und Kuba Kubikula, der Bär und das Gespenst kamen in den Kerker.

James Thurber

Einen Mond für Leonore

In einem Königreich, dicht am Meer, lebte einmal eine kleine Prinzessin, die Leonore hieß.

Sie war zehn, beinahe schon elf Jahre alt. Eines Tages hatte sich Leonore den Magen an Erdbeertörtchen verdorben und mußte im Bett bleiben. Der Hofarzt kam zu ihr, ließ sich die Zunge zeigen, maß Leonores Temperatur und fühlte ihren Puls. Beunruhigt ließ er ihren Vater, den König, rufen.

«Hast du einen Wunsch?» fragte der König. «Du sollst alles haben, was dein Herz ersehnt.»

«Ich wünsche mir den Mond», sagte die Prinzessin. «Wenn ich ihn bekomme, werde ich auch wieder gesund.»

Da der König eine Menge kluger Männer um sich hatte, die ihm alles beschafften, was immer er verlangte, versprach er seiner Tochter den Mond.

Dann ging er in den Thronsaal und zog an einer Klingelschnur – dreimal lang, einmal kurz –, und auf der Stelle erschien der Lordkanzler.

Der Lordkanzler war ein wohlbeleibter, großer Mann, der eine Brille mit dicken Gläsern trug, hinter denen seine Augen doppelt so groß aussahen, wie sie wirklich waren. Das ließ den Lordkanzler doppelt so klug aussehen, wie er wirklich war.

«Ich möchte, daß du mir den Mond herbeischaffst», sagte der König. «Die Prinzessin wünscht sich den Mond, und wenn sie ihn bekommt, wird sie wieder gesund.»

«Den Mond?» rief der Lordkanzler mit weit aufgerissenen Augen. Das ließ ihn viermal so klug aussehen, wie er wirklich war.

«Du hast ganz richtig gehört: den Mond», wiederholte der König. «M-O-N-D wie Mond. Heute nacht, spätestens aber morgen früh hat er hier zu sein!»
Der Lordkanzler wischte sich mit einem Taschentuch über die Stirn und schniefte laut durch die Nase. «Ich habe in meinem Leben schon eine ganze Menge Dinge möglich gemacht, Eure Majestät», sagte er. «Zufällig habe ich eine Liste bei mir, auf der all das notiert ist.» Er zog eine Pergamentrolle aus der Tasche und entrollte sie. «Was hätten wir denn da?» Stirnrunzelnd blickte er auf die lange Liste. «Affen, Pfauen und Elfenbein habe ich besorgt, Opale, Rubine und Smaragde, blaue Pudel, rosa Elefanten und schwarze Orchideen, Fliegen aus Bernstein, Goldkäfer und Skarabäen, Horn vom Einhorn und Zungen von Kolibris, Zwerge, Riesen und Meerweibchen, Minnesänger, Bauchredner und Seiltänzerinnen, ein Pfund Butter, zwei Dutzend Eier, einen Sack Zucker, o Verzeihung, das hat meine Frau dazwischengekritzelt.»
«An blaue Pudel kann ich mich nicht erinnern», sagte der König.
«Hier auf der Liste sind blaue Pudel abgehakt, also hat es blaue Pudel gegeben.»

«Lassen wir die blauen Pudel», sagte der König. «Jetzt geht es um den Mond.»
«Ich habe Dinge aus so fernen Gegenden wie Samarkand, Belutschistan und Sansibar besorgt», sagte der Lordkanzler. «Der Mond jedoch kommt überhaupt nicht in Frage. Er ist fünfunddreißigtausend Meilen entfernt, und er ist größer als das Zimmer der Prinzessin. Außerdem besteht er aus geschmolzenem Kupfer. Ihn kann ich nicht besorgen. Blaue Pudel – ja; den Mond – nein!»
Das brachte den König in Zorn; er schickte den Lordkanzler fort und bat den königlichen Zauberer zu sich in den Thronsaal.
Der königliche Zauberer war ein kleiner, dünner Mann mit einem schmalen Gesicht. Er trug einen roten Spitzhut mit silbernen Sternen und ein langes

blaues Gewand mit goldenen Eulen. Sein Gesicht wurde käsebleich, als der König ihm befahl, den Mond für seine kleine Tochter vom Himmel herunter zu holen.

«Ich habe in meinem Leben schon bemerkenswerte Zaubereien fertiggebracht, Eure Majestät», sagte der königliche Zauberer. «Zufälligerweise habe ich eine Liste mit all diesen Kunststücken bei mir.» Aus den Tiefen seines faltenreichen Gewandes zog er ein Stück Papier hervor. «Sie fängt an mit: Sehr geehrter königlicher Zauberer! Hiermit sende ich den sogenannten Stein der Weisen zurück – nein, das ist es gar nicht.» Der königliche Zauberer kramte aus einer anderen Tasche eine lange Pergamentrolle hervor.

«Das ist die richtige; nun wollen wir mal sehen. Ich habe Kaninchen aus Zylinderhüten gezaubert und Zylinderhüte aus Kaninchen. Ich habe Blumen, Tamburine und Tauben aus der Luft gegriffen und wieder zu Luft gemacht. Ich habe Euch Wünschelruten und Zauberwände beschafft und sogar Kristallkugeln, in denen die Zukunft geschrieben steht. Ich habe Zaubertränke, Salben und Arzneien gegen Liebeskummer, Ohrensausen und Magengrimmen gemischt. Und ich habe Euch meine eigene Spezialmixtur aus Adlertränen, Mäusedreck und Schmetterlingsflügelstaub zusammengebraut, um damit Dämonen, Hexen und Poltergeister zu bannen. Ferner habt Ihr von mir Siebenmeilenstiefel und eine Tarnkappe bekommen.»

«Sie hat nichts getaugt», schimpfte der König. «Die Tarnkappe hat überhaupt nicht funktioniert.»

«Doch!» widersprach der Zauberer.

«Ich bin genau so gestolpert und habe mich gestoßen wie gewöhnlich», sagte der König.

«Eine Tarnkappe macht unsichtbar; Stolpern und Stoßen aber kann sie nicht verhindern», entgegnete der königliche Zauberer.

«Was nützt mir eine Tarnkappe, wenn ich überall dagegenrenne?» fragte der König nörglig.

Der Zauberer schaute wieder in seine Liste. «Sand vom Sandmann und Gold vom Fuße des Regenbogens habe ich besorgt, außerdem Stricknadeln, graue Strumpfwolle ... Ach nein, das sind Sachen, die meine Frau braucht ...»

«Ich brauche den Mond», unterbrach der König. «Ohne ihn wird Prinzessin Leonore nicht wieder gesund.»

«Niemand kann den Mond haben», sagte der königliche Zauberer. «Er ist hundertfünfzigtausend Meilen entfernt, aus grünem Käse gemacht und doppelt so groß wie der Palast.»

Der König geriet abermals in Zorn und schickte den Zauberer zurück in sein Zaubergemach.

Dann ließ er den königlichen Mathematiker kommen. Dieser war ein kahlköpfiger, kurzsichtiger Mann mit einem kleinen Käppchen auf dem Hinterkopf und einem Bleistift hinter dem Ohr. Er trug einen schwarzen Mantel, der mit weißen Zahlen bedeckt war.

«Ich will nicht wissen, welche Dinge du im Laufe deiner Amtszeit für mich herausgefunden und auf einer langen Liste notiert hast», sagte der König. «Du sollst lediglich auf der Stelle den Mond herbeischaffen, damit die Prinzessin Leonore endlich wieder gesund wird.»

«Ich fühle mich sehr geehrt, daß Ihr erwähnt, was ich für Eure Majestät herausgefunden habe. Rein zufällig habe ich gerade eine Aufstellung darüber in meiner Tasche», sagte der königliche Mathematiker; er zog eine Liste heraus und betrachtete sie. «Was hätten wir denn da alles? Also: Ich habe die Entfernung zwischen dem A und dem Z gemessen und den Rauminhalt eines Nilpferdes errechnet. Ich konnte Euch sagen, wo Ihr Euch befindet, wenn Ihr im Ungewissen seid, aus welcher Menge von Ist das Sein besteht und wie viele Vögel mit dem Salz des Meeres gefangen werden könnten, es sind genau 187 796 132 – für den Fall, daß es Euch interessieren sollte ...»

«So viele Vögel gibt es überhaupt nicht», sagte der König.

«Ich sagte, wenn es sie gäbe, dann könnten so viele gefangen werden ...»

«Ich habe keine Lust, mich über Millionen nicht vorhandener Vögel belehren zu lassen», sagte der König, «ich möchte einzig und allein den Mond herangeschafft haben!»

«Der Mond ist dreihunderttausend Meilen von hier entfernt», sagte der königliche Mathematiker. «Er ist rund und flach wie eine Münze, im Gegensatz zu Münzen besteht er aber aus Asbest und ist halb so groß wie das Königreich. Außerdem ist er am Himmel festgeklebt, und deshalb kann man ihn auch nicht herunterholen.»

Der König war außer sich vor Zorn und schickte den königlichen Mathematiker fort. Dann rief er nach dem Hofnarren, um sich von ihm aufmuntern zu lassen. Der Hofnarr eilte in seinem buntscheckigen Gewand mit Kapuze und Glöckchen daran herbei und ließ sich zu Füßen des Thrones nieder.

«Was kann ich für Euch tun?» fragte er den König.

«Mir kann niemand helfen», sagte der König trübsinnig. «Meine kleine Tochter wünscht sich den Mond; bevor sie ihn hat, wird sie nicht wieder gesund, aber niemand kann den Mond herunterholen. Sobald ich jemanden frage, wird der Mond jedesmal größer und entfernt sich immer weiter von hier. Niemand kann mir helfen. Spiel mir etwas auf deiner Laute vor, aber etwas sehr Trauriges.»

«Wie groß soll der Mond sein und wie weit entfernt?» fragte der Hofnarr.
«Der Lordkanzler sagt, er sei fünfunddreißigtausend Meilen weit weg und größer als das Zimmer der Prinzessin», antwortete der König. «Der königliche Zauberer hingegen meint, er sei hundertfünfzigtausend Meilen entfernt und doppelt so groß wie der Palast. Und der königliche Mathematiker behauptet, er sei dreihunderttausend Meilen entfernt und halb so groß wie das Königreich.»
«Das sind alles sehr kluge Männer; also muß es stimmen, was sie sagen», meinte der Hofnarr. «Und wenn sie recht haben, dann ist der Mond gerade so groß und so weit entfernt, wie es sich jeder einzelne vorstellt. Weiß man denn aber, für wie groß die Prinzessin den Mond hält? Das allein wäre wichtig.»
«Daran habe ich noch gar nicht gedacht», sagte der König.
«Ich werde zu ihr gehen und sie danach fragen», sagte der Hofnarr und schlich sich auf Zehenspitzen in das Zimmer des kleinen Mädchens. Prinzessin Leonore war noch wach und freute sich über den Besuch des Hofnarren, aber sie sah sehr blaß aus, und ihre Stimme klang schwach und matt.
«Hast du mir den Mond mitgebracht», fragte sie.
«Noch nicht», sagte der Hofnarr. «Ich bin gerade damit beschäftigt, ihn für dich zu besorgen. Was meinst du wohl, wie groß er ist?»
«Er ist kleiner als der Nagel meines Daumens, denn wenn ich den gegen den Himmel halte, verdeckt er den Mond.»
«Und wie weit ist er von hier entfernt?» wollte der Hofnarr noch wissen.
«Er ist nicht ganz so hoch wie der Baum vor meinem Fenster, denn in manchen Nächten bleibt er in den Zweigen hängen», antwortete die Prinzessin.
«Dann ist es ganz einfach, den Mond zu fangen», sagte der Hofnarr. «Ich klettere auf den Baum, wenn der Mond in den Zweigen steckt, und hole ihn für dich herunter.»
Dann aber fiel ihm noch etwas ein. «Woraus ist der Mond gemacht, Prinzessin?» fragte er.
«Aus Gold natürlich, du Dummkopf», antwortete sie.

Der Hofnarr verließ das Zimmer der Prinzessin Leonore und begab sich zum königlichen Goldschmied. Er bat ihn, ein kleines rundes Goldplättchen anzufertigen, um eine Winzigkeit kleiner als der Daumennagel der Prinzessin. Und daraus sollte er dann einen Anhänger machen, den Prinzessin Leonore an einem Kettchen um den Hals tragen konnte.

Als der Goldschmied mit der Arbeit fertig war, fragte er:

«Und was soll denn das Ganze bedeuten?»

«Du hast den Mond gemacht», erklärte der Hofnarr. «Das hier ist der Mond.»

«Aber der Mond ist fünfhunderttausend Meilen entfernt und besteht aus Bronze, und er ist kugelrund wie eine Murmel», entgegnete ihm der königliche Goldschmied.

«Das meinst *du*», sagte der Hofnarr und ging mit dem kleinen goldenen Mond davon. Er brachte ihn der Prinzessin Leonore, und sie war überglücklich darüber. Am nächsten Tag war sie wieder gesund und konnte im königlichen Garten spielen.

Die Sorgen des Königs waren damit aber noch nicht vorüber. Er wußte, daß der Mond in der Nacht wieder am Himmel leuchten würde, und er wollte nicht, daß seine Tochter ihn dort erblickte, denn dann würde sie dahinterkommen, daß es nicht der richtige Mond war, den sie am Halskettchen trug. Der König bat den Lordkanzler zu sich und sagte: «Auf keinen Fall darf die Prinzessin heute nacht den Mond sehen. Denk dir etwas aus, wie das verhindert werden kann!»

Der Lordkanzler strich sich nachdenklich über die Stirn und sagte dann: «Das wäre die Lösung: Wir setzen der Prinzessin eine dunkle Brille auf, dann wird sie den Mond am Himmel nicht erkennen.»

Verärgert schüttelte der König den Kopf. «Wenn sie eine dunkle Brille trägt, kann sie überhaupt nichts sehen und stolpert bei jedem Schritt, und dann wird sie womöglich wieder krank.» Er verabschiedete den Lordkanzler und rief den königlichen Zauberer zu sich.

«Wir müssen den Mond so verbergen, daß die Prinzessin ihn nicht sehen kann», verlangte der König.

Der königliche Zauberer machte einen Handstand und ging ein paar Schritte auf den Händen, dann stellte er sich auf den Kopf und schließlich wieder auf die Beine. «So könnte es gehen: Wir bespannen hohe Maste mit schwarzem Samt, so daß der Palast wie unter einem Zirkuszelt steht, dann kann die Prinzessin den Mond bestimmt nicht sehen.»

«Und Luft bekommt sie auch nicht!» Der König winkte ärgerlich ab. «Sie könnte nicht atmen und würde wieder krank werden.» Er entließ den königlichen Zauberer und verlangte nach dem königlichen Mathematiker.

«Wir müssen etwas dagegen tun, daß die Prinzessin den Mond zu Gesicht bekommt. Wenn du wirklich so viel weißt, wird dir sicher etwas einfallen», meinte der König.

Der königliche Mathematiker spazierte erst im Kreis herum, dann spazierte er im Quadrat, und dann blieb er stehen. «Ich hab's! Wir veranstalten jede Nacht ein Feuerwerk im Park. Wir lassen silberne Fontänen und goldene Kaskaden aufsteigen, die die Nacht taghell erleuchten, und dahinter wird der Mond verblassen, und die Prinzessin wird ihn nicht sehen.»

Der König geriet außer sich vor Zorn und zappelte unruhig auf seinem Thron. «Feuerwerk würde die Prinzessin wach halten; sie würde überhaupt keinen Schlaf mehr finden und wieder krank werden», sagte er.

Der König schickte auch den königlichen Mathematiker wieder weg.

Als der König nach längerem Nachdenken wieder aufblickte, war es draußen dämmerig geworden, und vom Himmel schimmerte bereits schwach das Licht des Mondes. Von Furcht befallen, sprang der König auf und läutete nach dem Hofnarren. Hüpfend kam dieser in den Thronsaal und ließ sich zu Füßen des Thrones nieder.

«Was kann ich für Eure Majestät tun?» fragte er.

«Mir kann niemand mehr helfen», klagte der König. «Der Mond ist schon

aufgegangen. Er wird in das Zimmer der Prinzessin scheinen, und dann wird sie wissen, daß er immer noch am Himmel steht und nicht an ihrem Halskettchen hängt. Spiel etwas auf deiner Laute, aber etwas Trauriges, denn wenn die Prinzessin den Mond erblickt, wird sie wieder krank.»

Der Hofnarr griff leise in die Saiten und fragte zu gleicher Zeit: «Was haben denn die gelehrten Männer vorgeschlagen?»

«Ihnen ist nichts eingefallen, was die Prinzessin nicht erneut wieder krank machen würde», sagte der König mißmutig.

Der Hofnarr schlug eine andere Melodie an. «Eure gelehrten Männer sind allwissend», sagte er, «und wenn sie den Mond nicht verbergen können, dann kann man ihn auch nicht verbergen.»

Der König seufzte tief. Plötzlich sprang er auf und zeigte nach draußen. «Sieh doch!» rief er. «Der Mond scheint jetzt genau in das Zimmer der Prinzessin. Wer wird ihr erklären können, warum der Mond am Himmel leuchtet, wenn sie doch glaubt, daß er an ihrem Halskettchen baumelt?»

Der Hofnarr unterbrach sein Spiel. «Wer konnte sagen, wie man den Mond holt, als Eure klugen Männer erklärten, er sei zu groß und viel zu weit entfernt? Es war die Prinzessin Leonore. Also ist die Prinzessin klüger als die gelehrten Männer und weiß mehr vom Mond als sie alle zusammen. Ich werde *sie* fragen!»

Bevor der König ihn aufhalten konnte, entfernte sich der Hofnarr aus dem Thronsaal und lief über die breite Marmortreppe hinauf zum Zimmer der Prinzessin.

Die kleine Prinzessin lag hellwach im Bett und sah durch das Fenster hinauf zu dem am Himmel leuchtenden Mond, und in ihrer Hand glänzte der kleine goldene Mond, den der Hofnarr ihr gebracht hatte. Der Narr blickte betrübt drein und schien Tränen in den Augen zu haben. «Prinzessin, sag mir nur, wie kann der Mond noch am Himmel stehen, wenn er doch jetzt an deinem Halskettchen hängt?» fragte er traurig.

Die Prinzessin sah ihn lächelnd an: «Das ist doch ganz einfach, du Dummkopf. Wenn ich einen Zahn verliere, wächst ein neuer nach, oder etwa nicht?»

«Natürlich», gab der Hofnarr zu. «Und wenn ein Einhorn sein Horn im Walde verliert, wächst ihm mitten auf der Stirn ein neues.»

«Siehst du», sagte die Prinzessin, «und wenn der Hofgärtner im königlichen Garten die Blumen schneidet, wachsen andere nach.»

«Daß ich darauf nicht von allein gekommen bin!» sagte der Hofnarr. «Schließlich ist es mit dem Tageslicht dasselbe.»

«Richtig, und genau so ist es auch mit dem Mond», erklärte Prinzessin Leonore. «Und ich glaube, daß es mit allem so ist.» Ihre Stimme wurde immer leiser, und der Hofnarr merkte, daß sie eingeschlafen war. Behutsam deckte er die schlafende Prinzessin zu.

Bevor er jedoch den Raum verließ, ging er zum Fenster und zwinkerte dem Mond zu, denn es kam ihm so vor, als hätte auch er ihm zugezwinkert.

K. Paustowski

Der letzte Teufel

Der Großvater hatte am Taubenteich wilde Himbeeren gesammelt und kehrte zurück mit einem von Angst verzerrten Gesicht. Er schrie lange im Dorf herum, daß im Teich Teufel erschienen seien. Zum Beweis zeigte er seine zerrissenen Hosenbeine. Angeblich hatte ihm der Teufel ganz arg ins Bein gepickt und auf der Kniescheibe eine Schramme hinterlassen. Niemand glaubte dem Großvater. Sogar die boshaften Alten murmelten, daß die Teufel noch nie Schnäbel gehabt hätten, daß die Teufel nicht auf Teichen wohnten und daß es nach der Revolution überhaupt keine Teufel geben könne – sie seien mit den Wurzeln ausgerottet worden.

Trotzdem unterließen es die Alten fortan, am Taubenteich die Beeren zu sammeln. Sie genierten sich, im siebzehnten Jahr nach der Revolution zuzugeben, daß sie Angst vor Teufeln hatten, und murmelten auf eine entsprechende Frage, die Augen zu kleinen Schlitzen verengt: «Ha, mein Lieber, Beeren gibt es heuer nicht einmal am Taubenteich. Einen derart dürren Sommer hat es überhaupt noch nie gegeben. Wozu umsonst hingehen?»

Dem Großvater glaubte man auch deshalb nicht, weil er ein wunderlicher Mensch war. Sein Spitzname war «Zehn Prozent». Wir verstanden diesen Spitznamen ohne weiteres.

«Man nennt mich deshalb so, mein Lieber», erklärte einmal der Großvater, «weil ich nur zehn Prozent meiner früheren Kraft behalten habe. Ein Schwein hat mich fertiggemacht. Und was für ein Schwein – wie ein Löwe! Kaum zeigte es sich auf der Straße und grunzte, da war die Straße wie leergefegt. Die Bauern ließen sich auf dem Hof nur mit Heugabeln sehen, die weniger mutigen überhaupt nicht. Die Weiber griffen sich ihre Kinder und schubsten sie in die Hütte. Wie im Krieg! Dieses Schwein kroch in meine Hütte, und ich habe ihm, wie es sich gehört, zur Begrüßung den Stock in die Fratze gehauen: ‹Zum Teufel mit dir!› Da stürzte es sich erst richtig auf mich. Stieß mich von den Beinen; ich liege und schreie, was die Stimme hergibt. Wasjka Schukow schreit: ‹Her mit der Feuerwehr, wir wollen das Schwein mit dem Wasserstrahl wegjagen, denn es ist ja verboten, Schweine zu töten!› Mit Mühe haben die Bauern mich mit Dreschflegeln von ihm befreit. Ich lag im Krankenhaus. Der Doktor wunderte sich: ‹Von dir, Mitritsch, sind höchstens zehn Prozent geblieben.› Und nun quäle ich mich mit diesen Prozenten. So ist das, mein Lieber! Was dieses Schwein betrifft, so wurde es umgelegt; anders war nicht mit ihm fertig zu werden.»

Abends ließen sie den Großvater kommen, um ihn über den Teufel auszufragen. Der Großvater erzählte, er habe den Teufel am Nebenfluß, ganz in der Nähe des Teiches, getroffen. Dort habe der Teufel sich auf ihn geworfen und so zugehauen, daß der Großvater in die Himbeerbüsche gefallen und mit einer fremden Stimme geschrien habe; dann sei er aufgesprungen und bis zum Goreloje-Moor gelaufen.
«Mein Herz hat das alles kaum ausgehalten.»
«Und wie sieht er denn aus, dieser Teufel?» fragte unser Junge.
Der Großvater kratzte sich am Kopf.
«Na ja, ähnlich wie ein Vogel», sagte er unentschieden. «Die Stimme rauh und boshaft wie nach einer Erkältung. Ob es nun ein Vogel oder kein Vogel war, wer soll da was sagen?»
«Wollen wir vielleicht einen Marsch zum Taubenteich machen? Immerhin interessant», sagte Ruwim, nachdem der Großvater Tee getrunken, Kekse gegessen hatte und weggegangen war.
«Irgend etwas ist da los», sagte ich.
Wir brachen am nächsten Tag auf. Ich nahm eine Doppelflinte mit.
Wir waren zum erstenmal zum Taubenteich unterwegs und nahmen den

Großvater als Wegführer mit. Erst berief er sich auf «seine zehn Prozent» und lehnte es ab, dann willigte er aber ein.

«Ißt er was, der Teufel?» fragte Ruwim.

«Man muß annehmen, daß er Fische frißt, auf der Erde herumkriecht und Beeren schluckt», sagte der Großvater. «Auch wenn er ein böser Geist ist, ernähren muß er sich.»

«Und ist er schwarz?»

«Das wirst du schon selber sehen», antwortete der Großvater.

Wir machten mehrere Umwege und kamen erst bei Sonnenuntergang ans Ufer des Teiches. Die schweigsame Nacht hüllte die Berge langsam ein. Kaum sichtbar, wie Tröpfelchen von Silberwasser, glänzten die ersten Sterne. Der Großvater saß beim Feuer.

«Na, wo ist jetzt dein Teufel, Mitri?» fragte ich.

«Da …», ungewiß schwenkte der Großvater seine Hand über die Espenbüsche. «Wo willst du hin? Morgen früh gehen wir auf die Sache. Jetzt ist es zu dunkel – es ist schon Nacht.»

Bei Sonnenaufgang wachte ich auf. Von den Kiefern tröpfelte der warme Nebel herab.

Der Großvater saß beim Feuer und bekreuzigte sich eiligst. Sein nasser Bart zitterte.

«Was ist mit dir, Großvater?» fragte ich.

«Mein Leben wird es mich kosten, daß ich mit euch gekommen bin. Hörst du, wie der Verfluchte schreit! Hörst du? Weck alle auf!»

Ich horchte gespannt. Schläfrig bewegte sich ein Fisch im Wasser, dann ertönte ein durchdringender und wütender Schrei.

«Quäck!» schrie jemand. «Quäck! Quäck!»

Ein lärmendes Gepolter entstand in der Dunkelheit. Ein lebendiger Körper schlug sich im Wasser herum, und wieder schrie die böse Stimme triumphierend: «Quäck! Quäck!»

«Mutter Gottes, errette uns aus aller Not!» murmelte stotternd der Großvater.

«Hört ihr, wie er mit den Zähnen schnappt? Mich alten Dummkopf hat der Teufel dazu gebracht, hierher zu kommen!»

Vom Teich her ertönte ein seltsames Klappern, und es klang hölzern, als kämpften dort Kinder mit Stöcken.

Ich rüttelte Ruwim wach. Er machte die Augen auf und sagte erschrocken: «Fangen müssen wir ihn!»

Ich nahm das Gewehr.

«Also ihr tut, was ihr wollt. Ich weiß von nichts etwas. Am Ende muß man sich für euch noch verantworten. Der Teufel soll euch holen!»

Vor Angst hatte der Großvater völlig den Kopf verloren.

«Geht und schießt nur», brummte er ärgerlich. «Dafür verteilt die Obrigkeit auch keine Orden. Wie kommt man dazu, auf einen Teufel zu schießen? Da habt ihr euch was Schönes ausgedacht!»

«Quäck!» schrie verzweifelt der Teufel.

Der Großvater zog den Bauernrock über den Kopf und schwieg.

Wir krochen zum Ufer des Teiches.

Ich zog die Heidelbeerbüsche auseinander, schaute mir den Teich genauer an und spannte langsam den Hahn: «Seltsam ... was für ein Vogel das sein kann?»

Vorsichtig richteten wir uns auf. Auf dem schwarzen Wasser schwamm ein riesiger Vogel. Sein Gefieder schillerte zitronen- und rosafarben. Den Kopf sah man nicht – er steckte zusammen mit dem langen Hals unter Wasser.

Wir erstarrten. Der Vogel hob einen kleinen Kopf, nicht größer als ein Ei, aus dem Wasser, der über und über mit lockigem Flaum bedeckt war. Ein riesiger Schnabel mit ledernem rotem Sack schien am Kopf angeleimt zu sein.

«Ein Pelikan», sagte Ruwim ruhig. «Das ist ein lockiger Pelikan. Die kenne ich schon.»

«Quäck!» schrie der Pelikan warnend und wandte uns sein rotes Auge zu.

Aus dem Schnabel des Pelikans ragte der Schwanz eines dicken Barsches. Der Pelikan schüttelte den Hals, um den Barsch hinunterzuschlingen.

Da erinnerte ich mich an eine Zeitung; die geräucherte Wurst war darin eingewickelt. Ich lief zum Feuer, schüttelte die Wurst aus dem Rucksack, glättete die verschmutzte Zeitung und las die Annonce, die in fetter Schrift hineingesetzt war:

«Während eines Tiertransports mit der Schmalspurbahn ist ein afrikanischer Vogel, ein Pelikan, entwichen. Kennzeichen: rosa-gelbes Gefieder, ein großer Schnabel mit einem Hautsack für die Fische, flaumig behaart. Es handelt sich um einen sehr alten Vogel, der außerordentlich böse ist, Kinder nicht mag und um sich schlägt. Greift Erwachsene nur selten an. Fund gegen entsprechende Belohnung dem Tiergarten melden.»

«Na», sagte Ruwim, «was sollen wir tun? Zum Erschießen ist er zu schade, und im Herbst krepiert er ohnehin an Kälte.»

«Der Großvater wird dem Tiergarten Meldung machen», erwiderte ich, «und nebenbei eine entsprechende Belohnung bekommen.»

Wir pirschten hinter dem Teufel her. Der Großvater konnte lange nicht begreifen, was eigentlich geschehen war. Er schwieg, blinzelte mit den Augen. Dann, als ihm der Sinn des Ganzen klar wurde, lief er vorsichtig ans Ufer, um sich den Teufel anzuschauen. «Da ist er, dein Waldgeist», sagte Ruwim. «Schau genau hin!»

«Na ja, mein Lieber», kicherte der Großvater, «ich sage doch gar nichts. Klarer Fall, es ist kein Teufel. Soll er halt in Freiheit leben und nach Fischen jagen. Und euch danke ich. Ihr habt die Leute von der Angst befreit. Jetzt werden hier die Weiber um jede Beere kämpfen.» Am Tage angelten wir eine Menge Fische und brachten sie zum Feuer. Der Pelikan kletterte eiligst ans Ufer und watschelte auf uns zu. Er blickte den Großvater mit einem zusammengekniffenen Auge an, als wolle er sich an etwas erinnern. Der Großvater erbebte. Doch da sah der Pelikan den Fisch, riß mit hölzernem Gerassel den Rachen auf, schrie «Quäck!», schlug mit den Flügeln und stampfte mit seinem Entenbein.

Wir gaben ihm Fisch. Er schaffte es trotzdem, mich in den Rücken zu beißen.

Gegen Abend traten wir den Rückweg an. Der Pelikan kletterte auf ein Faß, schlug mit den Flügeln und schrie boshaft «quäck, quäck!» Allem Anschein nach gefiel es ihm nicht, daß wir ihn auf dem Teich zurückließen, und er forderte uns auf, unsere Plätze einzunehmen.

Zwei Tage danach fuhr der Großvater in die Stadt, fand auf dem Marktplatz die Tierschau und erzählte von dem Pelikan. Aus der Stadt kam ein narbengesichtiger Mann und holte den Pelikan ab.

Der Großvater bekam von der Tierschau vierzig Rubel und kaufte sich dafür eine neue Hose.

Biographische Notizen und Quellenhinweise

Aymé, Marcel (1902–1967)
Französischer Schriftsteller. Nach abgebrochenem Medizinstudium versuchte sich Aymé als Versicherungsvertreter, Maurer, Bankbeamter und Filmstatist. Danach sehr erfolgreicher Erzähler und Dramatiker. Seine bekanntesten Romane wurden auch ins Deutsche übersetzt, so *Die grüne Stute*, 1933; *Der Mann, der durch die Wand gehen konnte*, 1943. Sehr bekannt wurden auch seine Kindergeschichten *Les Contes du Chat perché*, 1939, die auch auf deutsch erschienen sind. Die vorliegende Geschichte «Die Rechenaufgabe» wurde dem Band *Kater Titus erzählt*, Benziger Verlag, Zürich/Köln, 1964, entnommen.

Bichsel, Peter (geboren 1935)
Schweizer Schriftsteller. War zuerst Lehrer und lebt jetzt als freier Schriftsteller und Journalist im Kanton Solothurn. Er wurde bekannt mit seinem Erzählungsband *Eigentlich möchte Frau Blum den Milchmann kennenlernen*, 1964. Ferner veröffentlichte er auch noch unter anderem den Roman *Die Jahreszeiten*, 1967; *Kindergeschichten* (Erzählungen), 1969, und *Geschichten zur falschen Zeit*, 1979.
Peter Bichsel hat für diesen Band das Vorwort geschrieben.

Bødker, Cecil (geboren 1927)
Dänische Lyrikerin und Erzählerin. In Deutschland wurde sie mit ihren Erzählungsbänden *Der Widder*, 1961; *Zustand Harley*, 1965, bekannt, sowie durch ihre Kindergeschichten *Silas*, 1967, und *Der Geisterleopard*, 1972. Die hier abgedruckte Geschichte «Der Tiger, der gar nicht da war» ist dem Band *Timundlis*, Benziger Verlag, Zürich/Köln, 1976, entnommen.

Cummings, Edward Estlin (1894–1962)
Cummings ist in Cambridge (Massachusetts) geboren, lebte in den zwanziger Jahren in Paris und danach in Greenwich Village (New York). Er ist als Lyriker weltbekannt geworden und hat daneben nur einen Roman und Erzählungen geschrieben. Die vorliegende Geschichte «Der Elefant und der Schmetterling» stammt aus seinen *Fairy Tales*, auf deutsch bei dtv, Band 9076, erschienen. Copyright Verlag Langewiesche-Brandt, Ebenhausen, 1971.

Dahl, Roald (geboren 1916)
Englischer Erzähler. Viele Jahre verbrachte er in Ostafrika und wirkte später als Assistent des Luftwaffenattachés in Washington. Heute ist er freier Schriftsteller und lebt in England und den USA. Dahl ist berühmt für seine humorvollen Erzählungen und Satiren: *... und noch ein Küßchen*, 1953; *Küßchen, Küßchen*, 1960. Dahl schrieb auch eine Reihe berühmter Kinderbücher: *Charlie und die Schokoladenfabrik*, 1969; *Herr Fuchs ist wirklich fabelhaft*, 1972; *Der Zauberfinger*, 1971. «Das riesengroße Krokodil» ist beim Rowohlt Verlag GmbH, Reinbek bei Hamburg, 1978 erschienen. Sybil Gräfin Schönfeldt hat es aus dem Englischen übersetzt.

de Espronceda (y Delgado), José (1808–1842)
Spanischer Dichter. Floh aus politischen Gründen nach Portugal, nahm dann an den Freiheitskämpfen in Holland und 1830 an den Barrikadenkämpfen in Paris teil. Er führte ein unstetes Leben als Verschwörer, Gesandtschaftssekretär und Abgeordneter von Almería. Daneben schrieb er, von Byron beeinflußt, Gedichte und Erzählungen. Die abgedruckte Erzählung «Das Holzbein» ist dem Band von Reinhild Schoeller, *Kindergeschichten aus Spanien*, Fischer Taschenbuch, Band 2810, entnommen.

Fleming, Ian (1908–1964)
Englischer Romanschriftsteller. Nach Studien in München und Genf wirkte er als Korrespondent in Moskau. Im zweiten Weltkrieg arbeitete er beim Geheimdienst der britischen Marine mit und wurde danach Auslandredaktor der *Sunday Times*. Er ist der «Vater» des Superagenten 007 James Bond, einer Figur, die durch die Verfilmung weltweit bekannt geworden ist. Daneben schrieb er auch Kinderbücher, so *Tschitti-tschitti-bäng-bäng,* dem unsere Geschichte entnommen ist. Verlag Alfred Scherz, Bern/München, 1966.

Gallico, Paul William (geboren 1897)
Amerikanischer Schriftsteller und bekannter Sportjournalist. Seit 1939 lebt er als freier Schriftsteller zuerst in London, heute in Antibes. Er hat zahlreiche Romane, Erzählungen und Filmskripts geschrieben, die auch ins Deutsche übersetzt wurden: *Jahrmarkt der Unsterblichkeit*, 1953; *Glocke über Irland*, 1958; *Immer diese Gespenster*, 1959; *Schiffbruch*, 1969. Gallico hat auch einige Kinderbücher verfaßt. «Ein ganz besonderer Tag» stammt aus dem Kinderbuch *Der Tag, an dem das Meerschweinchen reden konnte*, Ravensburger Taschenbuch, Band 230. Alle deutschen Rechte durch Ruth Liepmann, Zürich. Copyright: Paul Gallico and Mathemata AG, 1963.

Greene, Graham (geboren 1904)
Englischer Romanschriftsteller, Großneffe von L. R. Stevenson. War zunächst als Journalist tätig, bereiste Afrika und Südamerika. Nach seiner Tätigkeit als Verleger widmete er sich nur noch dem Schreiben. Sein berühmtester Roman, *Die Kraft und die Herrlichkeit*, ist 1940 erschienen. Daneben wurden fast alle Romane ins Deutsche übertragen, so: *Das Herz aller Dinge*, 1948; *Der Ausgangspunkt*, 1951; *Unser Mann in Havanna*, 1958; *Afrikanisches Tagebuch*, 1961. Greene hat auch Erzählungen und Kindergeschichten geschrieben: *The little Fire Engine*, 1950, und *The litte Train*, 1946. «Die kleine Lok», 1975, ist in der Übersetzung von Alexandra Auer und Ilse Walter mit freundlicher Genehmigung des P. Zsolnay Verlags GmbH, Wien, abgedruckt. Copyright: Graham Greene, 1973.

Huxley, Aldous (1894–1963)
Englischer Romanschriftsteller, Essayist und Kulturkritiker. Er stammte aus einer berühmten englischen Gelehrtenfamilie. Bekannt sind seine Romane *Parallelen der Liebe*, 1925; *Kontrapunkt des Lebens*, 1928, *Schöne neue Welt*, 1931; *Zeit muß enden*, 1950. «Frau Krähe und Herr Klapperschlange» ist ursprünglich unter dem Titel «Die Krähen von Birnblüte» in der Übersetzung von Constanze Hub im Verlag R. Piper & Co. München, 1976, erschienen. Huxley hat diese Erzählung für seine Nichte Olivia geschrieben.

Kishon, Ephraim (geboren 1924)
Israelischer Schriftsteller. Er arbeitete zuerst in einem Kibbuz als Installateur, später als satirischer Kolumnist zweier Tageszeitungen. Er ist Verfasser von satirischen Geschichten, Romanen, Theaterstücken, die ihn weltbekannt gemacht haben, so unter anderem *Drehen Sie sich um, Frau Lot*, 1962; *Arche Noah Touristenklasse*, 1963; *Nicht so laut vor Jericho*, 1970. «Der Hund, der Knöpfe fraß» ist dem gleichnamigen Geschichtenband entnommen, der 1978 im Georg Lentz Verlag, München, erschienen ist, mit der freundlichen Genehmigung der Verlagsgruppe Langen-Müller/Herbig, München.

Kuprin, Alexander I. (1870–1938)
Russischer Prosadichter. Zuerst Offizier, danach freier Schriftsteller. Er emigrierte nach der Oktoberrevolution nach Paris und kehrte 1937 nach Moskau zurück. Von seinen Romanen wurden unter anderen *Der Molch*, 1896; *Das Duell*, 1905; *Die Gruft*, 1909 bis 1915; *Das Granatarmband*, 1911, ins Deutsche übertragen. «Nadja und der Elefant» ist unter dem Titel «Der Elefant» in *Kindergeschichten aus Rußland*, Fischer Taschenbuch, Band 1927, erschienen.

Matute, Ana María (geboren 1926)
Spanische Schriftstellerin aus Barcelona. Sie hat zahlreiche Romane und Erzählungen aus der Welt der Kindheit und aus dem spanischen Bürgerkrieg verfaßt. Daneben schrieb sie auch Kinderbücher, die ins Deutsche übersetzt worden sind, so unter anderen: *Juju und die fernen Inseln*, 1965; *Kinder im Zahlenland*, 1971. Die hier abgedruckte Geschichte «Der Lehrling» ist dem Band *Dichter Europas erzählen Kindern*, Verlag G. Middelhauve, Köln, 1972, entnommen.

Paustowski, Konstantin G. (1892–1968)
Russischer Schriftsteller. Nach unruhigem Wanderleben wurde er schließlich freier Schriftsteller. Berühmt sind seine Erzählungen und seine große, sechsbändige Autobiographie. Zahlreiche Werke wurden auch ins Deutsche übersetzt: *Ferne Jahre*, 1946; *Unruhige Jugend*, 1955; *Die Zeit der großen Erwartungen*, 1958, *Die goldene Rose*, 1955; *Jenseits des Regenbogens*, 1967; *Neunzehn Erzählungen*, 1969. Die Erzählung «Der letzte Teufel» erscheint mit freundlicher Genehmigung des Fischer Taschenbuchverlages (Band 1927).

Priestley, John Boynton (geboren 1894)
Erfolgreicher und vielseitiger englischer Erzähler und Bühnenautor. Nach längeren Studien wurde er freier Schriftsteller und wirkte zeitweilig als beliebter Rundfunksprecher. Seine Romane wurden ins Deutsche übertragen, so unter anderen: *Die ferne Insel*, 1932; *Goldregen*, 1934; *Das jüngste Gericht*, 1938; *Eine fremde Stadt*, 1943; *Das große Fest*, 1951; *Ich hatte Zeit*, 1962; *Der Illusionist*, 1965. Priestley hat auch eine Anzahl Kinderbücher geschrieben, darunter *Snoggle von der Milchstraße*, G. Bitter Verlag, Recklinghausen, 1973, dem die Geschichte «Warum ausgerechnet Snoggle?» entnommen ist.

Singer, Isaac Bashevis (geboren 1904)
Polnischer Schriftsteller. Stammt aus einer alten Rabbinerfamilie und emigrierte 1935 in die USA. Heute ist er Amerikaner und lebt in Manhattan. Singer gehört zu den bekanntesten jiddischen Schriftstellern der Gegenwart. 1978 hat er den Nobelpreis für Literatur erhalten. Seine be-

kanntesten Romane sind: *Jakob, der Knecht,* 1962; *Mein Vater, der Rabbi,* 1966. Daneben schrieb er auch eine Reihe von Kinderbüchern. Die Titelgeschichte «Zlateh, die Geiß» ist dem Band *Zlateh, die Geiß, und andere Geschichten,* Verlag Sauerländer, Aarau, 1968, entnommen.

Thurber, James (1894–1961)
Amerikanischer Schriftsteller und Illustrator. Thurber war Mitarbeiter des *The New Yorker* und hat zahlreiche satirische Erzählungsbände veröffentlicht. Darunter sind die bekanntesten: *Man hat's nicht leicht,* 1933; *Achtung, Selbstschüsse,* 1940; *Rette sich, wer kann,* 1945; *So spricht der Hund,* 1955; *Fünfundsiebzig Fabeln für Zeitgenossen,* 1956; *Der Hund, der die Leute biß,* 1972. Der Abdruck von «Einen Mond für Leonore» in der Übersetzung von Hildegard Krahé erfolgt mit freundlicher Genehmigung des Annette Betz Verlages, München, 1973.

Vančura, Vladislav (1891–1942)
Tschechischer Erzähler und Dramatiker. Vančura wurde 1942 während der deutschen Besetzung hingerichtet. Er schrieb zahlreiche Romane, die zum Teil auf deutsch erschienen sind: *Räuberballade,* 1931; *Das Ende der alten Zeiten,* 1934. Der Ausschnitt «Kuba Kubikula, der Bär und der Bürgermeister» aus dem Kinderbuch *Kubula und Kuba Kubikula* in der Übersetzung von Iitka Bodláková erscheint mit freundlicher Genehmigung des Verlages Sauerländer, Aarau, 1971.

Wells, Herbert George (1866–1946)
Englischer Romanschriftsteller. Nach unruhiger Berufslaufbahn hat sich Wells für den Beruf des freien Schriftstellers entschieden. Befreundet mit G. B. Shaw, wurde er nach Galsworthy Präsident des PEN-Clubs. Die Mehrzahl seiner Romane und Erzählungen wurden auch ins Deutsche übersetzt, so unter anderen: *Jenseits des Sirius,* 1905; *Die große Leidenschaft,* 1913, *Der Diktator,* 1930. Die Geschichte «Der Zauberladen» wurde in der Übersetzung von Ursula Spinner dem Erzählungsband *Das Land der Blinden,* Diogenes Verlag, Zürich, 1969, mit der freundlichen Genehmigung des P. Zsolnay Verlages, Wien, entnommen.